AF411261

E S S A I

SUR L'ART

DE LA TEINTURE.

ESSAI

SUR

L'ART DE LA TEINTURE,

PAR M. SCHEFFER,

MEMBRE ET DIRECTEUR DE L'ACADÉMIE ROYALE DES SCIENCES DE STOCKHOLM ;

Commenté et développé par le célèbre BERGMAN.

NOUVELLE ÉDITION,

Corrigée et enrichie d'un Mémoire sur l'indigo, du même Auteur, et de plusieurs procédés sur la Teinture, notamment sur celle du coton en rouge, façon des Indes, l'emploi de l'écorce du quercitron, etc., etc.

A PARIS,

Chez GOEURY, Libraire de l'École des Ponts et Chaussées, quai des Augustins, 1.º 47.

AN XI. — 1803.

A V I S

CETTE NOUVELLE ÉDITION.

L'ESSAI sur l'Art de la Teinture, par Scheffer, commenté par l'illustre Bergman, a été publié en France en 1787. L'édition fut promptement enlevée; mais on a regretté qu'un Ouvrage si intéressant ait été terni par les fautes grossières du Traducteur, peu familiarisé avec la langue françoise, et auquel les opérations de la teinture étoient totalement étrangères.

On les a fait disparoître dans cette nouvelle édition : on auroit également désiré y faire d'autres changemens; mais alors ce n'auroit plus été la traduction de l'Ouvrage, que, par respect pour les deux Auteurs, on a laissé subsister sous sa première forme.

Le célèbre Bergman s'étoit aussi occupé, en 1777, de l'analyse de l'indigo : son excel-

lent Mémoire, qui se trouve dans le recueil de ceux de l'Académie des Sciences, est, en quelque sorte, inconnu aux Artistes. Il importe de le répandre ; il ne peut être mieux placé qu'à la suite d'un Ouvrage enrichi de ses observations.

On a aussi cru devoir ajouter des procédés pour teindre en plusieurs couleurs, notamment en rouge, façon des Indes, et en jaune avec l'écorce du quercitron. Ces additions seront sûrement goûtées du public, puisqu'elles ne tendent qu'à compléter un Ouvrage qu'il avoit déjà si bien accueilli.

INTRODUCTION.

Plus on considère la subtilité de la lumière, plus on est surpris de son action sur les corps qui en réfractent ou en réfléchissent les rayons. La surface des abricots, des pêches, etc., frappée par le soleil, devient rouge, tandis que celle qui est opposée reste constamment jaune, et même verte. Les plantes, en général, prennent la couleur blanche, lorsqu'on les enfouit dans la terre, ou qu'on les tient dans un endroit obscur. Les rayons solaires sont la cause du rouge qui colore la cuirasse de l'écrevisse de mer : le précipité jaune qu'on obtient en délayant, dans une suffisante quantité d'eau, la dissolution du nitre mercuriel, devient blanc par le contact de la lumière, même dans un vase hermétiquement fermé, et rempli d'eau, sans que le côté qui est à l'ombre cesse pour cela de conserver sa couleur. La lumière rend noir le précipité blanc de bismuth, le mercure doux, l'acide mercuriel, et la dissolution d'argent, dont l'acide a été neutralisé avec de la craie. C'est par l'effet de la lumière qu'après un laps de temps certains cristaux contractent la couleur violette : c'est son action qui déteint plus ou moins, comme je l'ai observé, des rubans de soie de diverses couleurs, mis entre deux carreaux de verre bien polis, aux bords desquels on applique plusieurs bandelettes de papier collé. Quoique tous ces phénomènes, le plus souvent produits sans le concours de l'air, méritassent beaucoup d'attention, personne n'a travaillé à en chercher la cause par le moyen de l'analyse comparée.

Newton, dans son ouvrage immortel, nous a appris que les diverses grandeur et densité des lames transparentes du verre, de l'air et de l'eau, suffisoient pour réfléchir les rayons d'une couleur, en laissant passer ceux d'une autre, et par conséquent pour former toutes les couleurs. Delaval a confirmé cette opinion, et a ajouté la pesanteur spécifique des corps opaques, comme influant aussi sur la réflexion des rayons. Pour le prouver, il a dépouillé les métaux de leur principe inflammable en les oxidant, et après avoir combiné leurs chaux respectives avec le verre, il les a exposées à un feu violent. Le verre mêlé avec l'or et le platine, qui sont les plus denses de tous les métaux, a donné le *rouge* ; mêlé avec le plomb, l'*orangé*; avec l'argent, le *jaune*; le *vert* avec le cuivre; le *bleu* avec le fer, etc. M. Opoix a tiré différentes inductions de ces faits : selon lui les corps blancs sont communément privés de phlogistique, au lieu que les noirs approchent de l'état d'inflammation. Quoi qu'il en soit, il sembloit qu'il ne manquoit que fort peu de données pour compléter l'analyse de la lumière, sur-tout dans un siècle dans lequel on a décomposé l'air avec beaucoup moins de travail que les corps les plus solides ; cependant le fluide qu'on respire offroit-il, pour une analyse exacte, plus de difficultés que celui qui nous éclaire? Pourquoi donc, ayant trouvé le fondement de toutes les couleurs, n'a-t-on pas continué l'examen de l'action réciproque qui a eu lieu entre la matière lumineuse et les particules des corps colorés ? Cette réaction connue n'auroit-elle pas suffi (1), avec l'attraction, pour expliquer (ce qu'on n'a pu faire avec tant d'hypothèses) la différence qu'on remarque dans la teinture entre les couleurs fines et celles qui sont fausses? N'auroit-on pas appris à fixer celles qui sont

____

(1) On croit que non.

les plus vives, les plus brillantes, les plus uniformes, et qui exigent le moins de préparation ?

Tout le monde sait que la laine teinte dans une cuve de pastel ou d'indigo, sort d'un très-beau vert; qu'au moment où ce vert est frappé par les rayons de lumière, il se change en un bleu obscur, parce que l'indigo est précipité sous sa forme naturelle; mais on n'a encore découvert aucune substance qui donnât une couleur verte. On préfère plutôt de faire cette couleur en deux fois, en donnant à l'étoffe une base bleue plus ou moins foncée, en la teignant ensuite avec la gaude, la sarrette, la fleur de la verge d'or du Canada, etc. Outre que ce procédé est très-compliqué, il faut une dextérité singulière pour y réussir.

Les feuilles des deux espèces d'arbres de vernis, ou de *toxicodendron*, nommées, l'une *toxicodendron triphyllum, folio sinuato rubescente*, et l'autre, *toxicodendron triphyllum glabrum*, contiennent un suc laiteux, qui, exposé à la lumière, se change en un noir très-beau, teint la toile sans la corroder, et résiste à la lessive. Il n'y a pas de doute que cette fécule noire ne suppléât avec beaucoup d'avantage à la combinaison du bleu, du jaune, et du rouge, avec laquelle on faisoit autrefois le noir, en donnant à l'étoffe une base bleue avec la cuve de pastel, en la bouillant ensuite avec l'alun, en la teignant enfin avec la gaude et la garance. Si l'on a abandonné cette méthode et d'autres, parce qu'elles étoient trop coûteuses, la mauvaise économie qu'on observe aujourd'hui dans les manufactures ne les décrédite pas peu; car enfin, les différentes préparations qu'on met en usage ne sont-elles pas de celles qui rendent destructibles les couleurs les plus solides? Quatre livres de poils de chèvre chargées, de la couleur de treize livres de garance, se fondent de telle façon, qu'il ne reste pas le moindre vestige des parties animales lorsqu'on les fait bouillir avec l'urine et la lessive de cendres, qui attaquent à plus forte raison la matière colorante. En effet, les couleurs de rose, de cerise et ponceau les plus vives, que tire de ce bain la laine blanchie par la vapeur du soufre, sont aussi les plus fausses, eu égard à la solidité du rouge de la garance, connue de tout le monde. Si l'on prépare la laine, comme à l'ordinaire, pour lui faire prendre cette teinture, elle perd la plus grande partie de son lustre; et, de quelque manière que la chose ait lieu, elle communique, par l'effet seul de l'ébullition, sa couleur au liquide qui peut servir pour donner à une autre étoffe une nuance plus claire, et également fausse.

Il se développe une couleur de pourpre dans l'orseille traitée avec l'urine et la chaux : on l'emploie dans cet état pour donner le gris-de-lin à la laine qu'on a exposée à la vapeur du soufre, et le violet, l'amarante etc., à celle qui a le fond bleu. Mais quand même on macéreroit l'étoffe avec l'alun et le tartre, comme on le fait pour teindre avec la cochenille, la couleur sortiroit aussi fausse que si on ne lui appliquoit point de mordant. Qu'on observe que le sel fixe de l'urine change la couleur de la cochenille en un gris de cendre clair, en détruisant tout le rouge ; et ce qu'il y a de fâcheux, c'est qu'il est aussi permanent que les autres couleurs fournies par le règne animal. Mais l'orseille elle-même acquiert par les acides, par exemple par la dissolution d'étain, une couleur d'autant plus durable, qu'elle tire plus à l'écarlate, c'est-à-dire qu'elle s'éloigne plus du gris-de-lin qu'on croit être sa couleur naturelle ; de sorte que la demi-écarlate, teinte de cette liqueur, résiste presqu'autant à la lumière et aux autres épreuves, que celle qu'on fait avec la cochenille et la garance. En augmentant la quantité de la dissolution d'étain, la laine sort orangée, comme par la cochenille : ainsi la couleur de pourpre qu'acquiert l'orseille, par le moyen de la fermentation putride avec l'urine et la chaux, loin de lui être naturelle, est un effet de la décomposition du rouge, occasionnée par l'alcali qui rend aussi cramoisi celui de la cochenille. Et peut-on douter que la putréfaction ne détruise le principe astringent qui, le plus souvent, accompagne les couleurs, et influe tant sur leur stabilité ?

La couleur de café et de châtaigne, que l'on peut extraire du bois de Brésil, avec une once de noix de galle d'Alep, et un deuxième de gomme arabique pour chaque livre de laine, ne s'altère point étant exposée trente jours à l'air pendant l'hiver. Nonobstant cela, on emploie plus souvent cette substance colorante pour faire la fausse écarlate dont le lustre est inférieur à celui de la cochenille, et même à celui de la gomme laque. L'orangé du rocou, le beau jaune des baies d'Avignon et du curcuma, cèdent très-promptement à l'action de

la lumière; mais autant qu'on peut juger par
l'analogie (puisqu'il manque des faits) d'après
d'autres procédés, ces mêmes substances don-
neroient des couleurs de durée, quoique peut-
être différentes de celles qu'on obtient par des
méthodes dont l'invention est due au hasard,
et que l'ignorance a compliquées de la réaction
mutuelle qu'il y a entre la lumière et les matières colorantes, et que la routine, dénuée
des notions chimiques, a confirmées.

Cela supposé, je ne doute pas qu'on ne puisse
fixer toutes les fausses couleurs, et que ceux
qui, connoissant la chimie, s'appliquent au
détail des opérations de la teinture, et travail-
lent conformément à leurs idées, ne parvien-
nent à faire disparoître toute distinction entre
la teinture solide et la fausse (1); problème as-
surément le plus avantageux de cette classe.
Le désir d'en voir la solution m'a inspiré ces
réflexions que j'ose ajouter à l'ESSAI SUR LA
TEINTURE, écrit en Suédois, par *H. T. Scheffer*,
publié avec différentes notes par le savant
chimiste (2) d'Upsal, et traduit en Allemand
par *Christian Ehrenfried Weigel*.

---

(1) On est parvenu aujourd'hui à fixer la couleur du curcuma
avec le sel marin, *muriate de soude*.

(2) Torbern Bergman.

ESSAI

SUR L'ART

DE LA TEINTURE.

PRÉCIS

DES PRINCIPAUX PROCÉDÉS

DE L'ART DU TEINTURIER.

§. PREMIER.

De toutes les couleurs que l'on connoît jusqu'à présent, il n'y en a que trois qui soient
essentiellement primitives; le rouge, le jaune,
et le bleu. De leur combinaison peuvent
résulter toutes les autres, et on ne sauroit
prouver le contraire.

La pratique et les connoissances nécessaires
pour la teinture dépendent entièrement des principes de la chimie. Teindre est la même chose

qu'imbiber la surface d'un corps des différentes
particules qui réfléchissent les rayons de la couleur qu'on se propose de produire : ainsi, il importe beaucoup de connoître les substances qui
contiennent des molécules propres à développer
les rayons colorans , et à les fixer sur telles étoffes
données.

Les propriétés des matières colorantes que l'on
connoît sont de plusieurs espèces. On appelle
matières extractives, celles qui se dissolvent d'elles-
mêmes dans l'eau ; par exemple, les parties mucilagineuses, salines , et celles qui sont grasses,
mais unies à des sels à la manière du savon : de
de cette espèce sont la gaude, la sarrette, le
genêt, la garance, le curcuma, le bois d'Inde,
celui de Brésil, le kermès, la cochenille, etc.;
substances que l'on mêle avec des mordans sa-
lins , et plus communément avec l'alun , afin
qu'elles ne se dissolvent pas si facilement par
l'eau. M. Macquer appelle résino-extractives, ou
résino-terreuses, les substances qui, quoiqu'in-
dissolubles par elles seules, comme les terres et
les résines, se mêlent pourtant avec l'eau, étant
unies avec d'autres manières extracto-savonneuses;
tels sont le sumac, l'écorce de l'aune, l'asarum
officinal, le brou de noix, le murex ou la pourpre, etc.; lesquels, excepté la pourpre, donnent
tous un jaune obscur, qui ne peut être altéré

ni par l'eau ni par le savon, et qui, outre cela, exige aussi peu de préparation que l'étoffe à laquelle on l'applique. Si l'on met le mélange de deux substances colorantes dans un liquide, qui n'a d'action que sur l'une d'elles, 1°. le liquide n'attaque pas toute la matière dissoluble, parce qu'il y a une portion qui est soustraite à son action par la substance qui ne se dissout pas; et 2°. en vertu de l'union intime qui a lieu entre la matière soluble et celle qui ne l'est pas, une partie de la matière non dissoluble est attaquée par le liquide dissolvant, et le soutient dans cet état tant qu'elle est unie avec la matière qui est dissoluble; mais si elle vient à en être séparée, la matière non dissoluble va à l'instant au fond. L'eau ne peut extraire les particules colorantes purement résineuses et huileuses que par le moyen d'une substance extracto-savonneuse. De cette classe sont l'indigo et le rouge du carthame, qu'on ne peut obtenir sans l'aide d'un alcali fixe.

Outre la beauté qui est requise dans une couleur, une circonstance essentielle est qu'elle soit solide. Il est certain que celles qui s'affoiblissent à la pluie et au lavage, ou qui en peu de temps deviennent pâles au soleil, sont moins prisées: on appelle principalement couleurs fausses celles que le soleil et la lumière décomposent promptement, et couleurs fines celles qui sont très-peu

altérées par ces agens, ou ne le sont même pas
du tout.

Il y a encore dans la teinture une autre différence remarquable relativement à la nature de
l'étoffe. Les substances animales , la laine, le
poil, etc., prennent la couleur plus facilement
que le lin et le coton. La soie, comme le produit
des deux règnes , puisqu'elle est l'extrait des
feuilles de mûrier, digérées par une espèce de
chenille, paroît avoir une nature moyenne : aussi
la teint-on avec plus de peine que la laine; mais
plus facilement que le coton et le lin; et ces deux
substances reçoivent mieux la teinture lorsqu'on
les prépare avec des matières animales.

§. I I.

La formation de toutes les couleurs consiste dans le mélange des trois couleurs primitives; de sorte qu'en faisant bouillir avec
la gaude et la garance, en diverses proportions, des morceaux égaux de drap de couleurs bleues, depuis la nuance la plus claire,
jusqu'à la plus foncée, il en résulte le brun,
le gris, le vert, le noir, et toutes leurs variétés possibles.

Il se présente ici une difficulté pour se faire

entendre : elle est commune à tous les traités des couleurs. Comme leurs nuances ou variétés vont à l'infini, et qu'il n'y en a que peu qui aient leur dénomination particulière, nous ne pouvons exprimer, en termes convenables, la plupart de celles dont on a occasion de parler dans cet ouvrage. Cette difficulté s'étend à toutes les descriptions de l'Histoire Naturelle, et des objets multipliés de la nature. Le docteur Scheffer conseille de ne pas donner aux graduations des sept couleurs du prisme, le nom des corps naturels dans lesquels elles se trouvent; par exemple, le jaune foible de la cire, le jaune vif du serin de Canarie, le jaune de la paille, etc.; mais bien d'exprimer celles qui résultent des mélanges particuliers de ces sept couleurs; et il propose trois moyens pour cet effet; 1°. de les nommer suivant l'usage introduit par les savans et par les artistes, comme on l'a fait pour le pompadour, l'oranger, l'isabelle, etc.; 2°. de composer ces dénominations des noms des couleurs qui entrent dans chaque mélange; par exemple, le jaune, le rouge, le vert, le bleu, en mettant la plus forte à la tête, et c'est la manière qui semble la plus naturelle, et celle par laquelle on apprend en même temps la composition : elle est cependant embarrassante lorsqu'il se trouve une combinaison de cinq, six, ou plus, des principes coloraus ;

ou 3e. de présenter un modèle des couleurs , et de les indiquer par des numéros ; ce qui , sans doute, seroit le plus facile, si on pouvoit obtenir un modèle complet que le public gardât entre ses mains.

Je suis en doute si les idées et les recherches de l'Auteur sur les couleurs primitives se bornoient à l'art et à la pratique , ou s'il croyoit en effet que des sept couleurs qui se voient dans l'arc-en-ciel, il n'y en a que trois qu'on doive regarder comme simples. Meyer a proposé, en 1778, son sentiment, qui consiste à en compter trois comme simples : il avoit imaginé d'en représenter les mélanges sous la forme d'une pyramide, à la correction de laquelle ont travaillé depuis Lambert, Erxleben, et autres. Il prit pour couleurs primitives le rouge du cinabre, le jaune de l'or, et le bleu de montagne. Lambert choisit le carmin, la gomme gutte, et le bleu de Prusse, selon la proportion de laquelle leur paroissoient résulter réellement les couleurs fondamentales les plus pures.

CHAPITRE PREMIER.

DE LA COULEUR ROUGE.

§. III.

TEINTURE DE LA LAINE AVEC LA GARANCE.

(*a*) On pèse la laine ; on la tient une heure en ébullition dans un bain d'eau et de son ; puis on la lave avec de l'eau claire froide , qui entraîne avec elle le son qui s'y étoit attaché. Cette opération se nomme *ébrouage*.

(*b*). On fait dissoudre ensuite , à la faveur de l'ébullition, quatre onces d'alun de Rome , et huit onces de tartre par livre de laine (1), dans une suffisante quantité d'eau ; quand elle est bouillante, on y met la laine ; on l'y tient deux heures en ébullition ; ensuite on la retire : on la met à égoutter pendant douze heures, afin qu'elle sèche un peu , et on la lave bien

(1) La livre est toujours supposée de seize onces.

le jour suivant dans de l'eau froide. S'il ne faut pas la teindre à l'instant, on la couvre d'une toile mouillée, pour lui conserver assez d'humidité.

1. Sans ce mordant la couleur n'auroit que peu de solidité. On n'observe pas constamment la proportion ci-dessus énoncée entre l'alun et le tartre. Il y en a qui emploient cinq fois plus d'alun, tandis qu'ils ne mettent de tartre qu'un seizième du poids de la laine. Le tartre donne une couleur de cannelle obscure ou foncée, quoique bonne et solide. L'alun, avec le nitre, au lieu du tartre, donne une couleur de cannelle fausse.

(c). Pour teindre, on jette dans de l'eau froide quatre onces de bonne garance par livre de laine, qu'on y met en même temps, et qu'on a soin de retourner durant l'ébullition : on la tire dehors à l'instant où l'écume commence à devenir pâle, ou à perdre de sa couleur ; car autrement elle sortiroit brune ; puis on la lave bien dans de l'eau froide, et on la met sécher : elle acquiert de cette manière un rouge qui n'est pas fort vif.

2. Hellot prend moitié de garance, c'est-à-dire une demi-livre par livre de laine, la jette dans

de l'eau chaude, au degré où on puisse y tremper
la main : il la remue bien : il y met la laine ;
la laisse une heure à la chaleur d'environ quatre-
vingt-dix degrés : il la fait bouillir quatre ou cinq
minutes, et non plus, parce que la forte couleur jaune que donnent l'épiderme et la partie li-
gneuse, feroit perdre le rouge de l'écorce de la
garance.

La racine de la plante que nous appelons *garance*, (*rubia tinctorum*) est longue et mince :
on l'arrache au mois de septembre, lorsqu'elle
a deux ans : on la fait sécher, et on la réduit en
poudre : on la met dans des tonneaux, et on la
garde communément deux ou trois ans avant de
s'en servir, parce qu'on croit qu'avec le temps
elle devient meilleure, et plus abondante en couleur. Ce qu'il y a de certain, c'est qu'elle perd,
en séchant, sept huitièmes de son poids ; et comme,
selon M. Dambournay, une partie de garance
sèche produit le même effet dans la teinture, que
quatre de la même racine fraîche, on voit qu'il
y a la moitié à épargner par ce moyen. L'air
libre lui fait perdre de sa vertu. Cette substance, réduite en poudre, est appelée *garance-
grappe* dans le commerce, lorsqu'elle provient des
mères-racines, et si elle est mêlée avec le couchis
et les petites racines, on la nomme *non-grappe*.
Celle de Zélande est réputée la meilleure, quoi-

que celle de Turquie, et principalement celle des côtes d'Andrinople et de Smyrne, mérite la préférence.

En faisant bouillir doucement la garance dans de l'eau, on obtient un bain, ou liqueur un peu amère, presque point astringente, qui sent le rance, et qui a la couleur de rubis; si on la délaie dans une plus grande quantité d'eau, elle se change à la fin entièrement en jaune; un peu d'acide avive le rouge; mais si on en met beaucoup, il le rend jaune; l'alcali fixe le fonce et l'embellit davantage; l'alun le rend rouge; le sel ammoniac, un peu orangé; le vitriol bleu lui donne la couleur cannelle; le vitriol vert, un fort orangé; et la dissolution d'étain, un jaune d'or vif, suivant les expériences de Poerner. Tous ces sels, excepté l'alcali fixe, causent un précipité, et la couleur paroît quand le sédiment est tombé : le nitre et le sel marin occasionnent le précipité sans aucun changement sensible.

Les os des animaux qui mangent de la garance (1) deviennent rouges en peu de jours, particulièrement ceux qui sont les plus durs, quoique cette dernière circonstance n'ait pas lieu

____

(1) *Voyez* les expériences de du Hamel et de Haller.

chez tous. Cette couleur supporte les épreuves ordinaires ; mais elle disparoît dès que l'animal change d'aliment (1).

§. I V.

Comme l'expérience a prouvé que les acides s'opposent à ce que la couleur de la garance s'applique en totalité sur l'étoffe, quelqu'un pourroit s'imaginer qu'il conviendroit de saturer, avec de la craie, l'excès d'acide qu'il y a dans l'alun.

(*a*). Si l'on fait bouillir de la laine dans de l'eau avec un quart de son poids d'alun, et un vingt-deuxième de craie, et qu'on décante la liqueur reposée jusqu'au clair pour l'employer comme mordant, et teindre ensuite, la couleur, quoique belle, en sera inégale; ce qui prouve la nécessité d'employer le tartre, qui exalte la couleur en contribuant à la faire adhérer d'une manière plus uniforme.

---

(1) Les baies d'un arbre de Brésil, que les botanistes appellent *genipa americana*, dont les feuilles ressemblent à celles du noyer, teignent d'une manière singulière la chair et les graisses des oiseaux qui les mangent, d'un violet obscur indestructible.

(*b*). En effet, en ajoutant à la précédente opération (*a*) un huitième de tartre, on aura une couleur plus belle et plus égale.

(*c*). Elle sera encore plus éclatante, si on emploie la crême de tartre; car le tartre est toujours mêlé à des impuretés qui obscurcissent la couleur, en s'attachant à la laine.

La dissolution d'une quantité de tartre, égale à celle qu'on emploie de garance, fait prendre à la laine, en la teignant sans aucune autre préparation, un rouge brun, solide : si on double la portion de tartre, la couleur sera encore plus obscure.

§. V.

L'expérience suivante peut faire connoître combien le mordant produit d'effet avec une dissolution d'étain, par l'eau régale, *l'acide nitromuriatique.*

Après avoir atténué ou délayé avec de l'eau la dissolution d'étain, on y fait bouillir, pendant un quart-d'heure, la laine qui doit avoir auparavant bouilli dans une eau de son. On y dissout un quart d'alun, pendant que l'eau est chaude, et on la retire du feu, pour y plonger la laine aussitôt qu'on l'a retirée de la dissolution atténuée d'étain, et on laisse refroidir. L'eau aluminée devient laiteuse sur-le-champ, par l'effet de l'acide vitriolique qui s'unit avec l'étain surabondant, qui n'avoit pas adhéré à la laine.

Lorsque tout est refroidi, on suspend la laine, et on la laisse ainsi pendant douze heures; au bout de ce temps, on la lave; on la teint avec un quart de garance, et on a un orangé qui est dû à l'étain.

L'Auteur n'indique pas la quantité de la dissolution.

Si l'on ne donne pas de mordant à la laine, et qu'on la laisse bouillir seulement avec une partie de dissolution d'étain et deux parties de garance, elle acquiert une couleur de cerise qui, à l'air, prend une teinte plus foncée.

§. V I.

On voit quelle est l'action de la couperose verte, *sulfate de fer*, sur la garance, par l'opération suivante :

(*a*). On fait bouillir la laine pendant deux

heures, avec un quart de son poids de *sulfate de fer* : on la lave ; on la met avec un quart de garance dans l'eau froide ; ensuite on la fait bouillir une heure : on obtient à la fin un brun de café un peu plus clair qu'au commencement.

Si l'on ne macère pas la laine, et qu'on la teigne dans un bain, composé d'une partie de vitriol, et de deux de garance, le brun tirera sur le rouge, et plus encore si on prend parties égales; dans les deux cas, la couleur seroit seulement plus obscure.

(*a*). Par le même procédé, et en n'ajoutant que de la craie, comme auparavant (§ IV), la couleur sort plus obscure, et n'est pas assez adhérente.

Ajoutez au mordant un huitième de tartre, elle s'unit mieux, mais elle a une teinte moins foncée.

(*c*). Si l'on donne premièrement le bain d'alun (§ III, *b*) à la laine, et que dans le temps qu'on la teint avec un quart de garance, on y jette un quart de vitriol vert, en continuant la décoction pendant une heure, la couleur sera un peu plus obscure, mais tirera aussi plus sur le rouge.

§. VII.

En employant pour mordant le vitriol bleu, *sulfate de cuivre*, de la même manière que le vert (§ VI), on obtient de la garance un brun clair, tirant au jaune, et qui est plus clair au commencement.

Si, au lieu de donner un mordant à la laine, on la trempoit seulement dans l'eau chaude (ce qui est absolument nécessaire pour que la teinture prenne uniformément), et qu'on la fasse bouillir avec une partie de vitriol bleu et deux de garance, on aura un brun clair qui tirera sur le jaune; il sera un peu plus obscur, et tirera sur le vert, si l'on en prend parties égales ; mais dans l'un et l'autre cas, la couleur ne deviendra pas plus foncée à l'air.

§. VIII.

Le vitriol blanc, *sulfate de zinc*, employé également pour mordant, donne un brun foncé qui tire un peu sur le rouge.

Le vitriol de zinc ordinaire contient du fer, dont l'influence est sensible par ses effets.

§. I X.

Si, dès que la laine a bouilli pendant deux heures dans un quart de son poids d'acide nitrique saturé de céruse et étendu d'eau, on la met dans une autre solution d'un quart d'alun qu'on a retirée un peu auparavant du feu, pour la laisser refroidir, et qu'on la fasse bouillir avec un quart de garance, il en résulte un beau rouge; mais si l'acide n'est pas bien saturé, il peut corroder la chaudière d'étain, dans laquelle on doit faire cet essai. Si on ajoute alors un peu de sel de saturne, *acétite de plomb*, à cette dissolution, pour la faire bouillir une demi-heure, l'on obtient un brun rougeâtre.

La garance étant la moins chère de toutes les substances qui donnent un rouge solide, on la mêle avec d'autres plus précieuses. On en ajoute une quantité égale à celle de kermès pour l'écarlate, dite *écarlate-migraine*; on l'emploie aussi avec moitié de cochenille dans la rougie pour la demi-écarlate ordinaire et pour le demi-cramoisi.

Hellot mit un morceau de drap, pesant une demi-once, dans une solution de dix grains d'alun

de

de Rome, et de six grains de tartre purifié : il l'y fit bouillir pendant une demi-heure, le retira, le pressa et laissa refroidir. Après cela il le mit encore dans le même bouillon où il venoit d'ajouter vingt-quatre grains de garance. Après avoir extrait la couleur, il mit vingt gouttes d'une dissolution de bismuth, faite avec parties égales d'eau et d'acide nitrique : une demi-heure après il eut une couleur pourpre aussi belle qu'avec la cochenille : en faisant bouillir un quart d'heure de plus, la couleur pourpre s'aviva davantage. Mais si, après avoir donné un mordant à la laine, on la laisse quelques jours et quelques nuits dans un linge mouillé, pour la teindre ensuite avec la garance, dans un bouillon fait sans sel, jusqu'à ce qu'elle prenne une haute couleur de cannelle, et qu'on y verse une dissolution de bismuth, on n'obtient qu'un brun obscur, ce qui montre combien la moindre circonstance peut opérer de changement. L'expérience d'Hellot mérite d'être rapportée. Comme il prenoit le bismuth et le cobalt pour une même substance, on ne sait si ce ne seroit pas avec ce dernier demi-métal qu'il auroit fait son expérience : car il ne parle pas de la couleur de la dissolution, ce qui étoit essentiel (1).

______

(1) Il y a lieu de croire que c'étoit le cobalt : car la dissolution de ce demi-métal substituée à celle de l'étain, donne avec la cochenille un superbe violet.

Le bois de Fernambouc, l'orseille, avivent la couleur de la garance; mais elle se passe bientôt à l'air avec ces accessoires.

§. X.

TEINTURE DE LA SOIE AVEC LA GARANCE.

(*a*). On alune la soie à froid avec de l'alun saturé avec de la craie, comme il est prescrit (§. IV): la dissolution se fait à chaud; on la décante, et lorsqu'elle est bien refroidie, on y met la soie qui y reste pendant dix-huit heures; on l'en retire pour la laver et la laisser sécher.

(*b*) En la faisant bouillir avec une quantité de garance égale à son poids, elle prendra un rouge assez beau, mais un peu sombre.

(*c*) Si on n'a pas précédemment fait cuire la soie dans une eau de savon, on doit le faire avant d'employer le mordant; on fait bouillir pendant l'espace de deux heures, huit onces et demie de soie en écheveaux, dans une kanne (1) d'eau, avec deux onces un

---

(1) La mesure, ou *kanne* de Suède, est à la pinte de Paris, comme trente-trois à vingt-huit; ainsi le *quarter*, qui en est la huitième partie, est un peu plus grand que le poisson. On fera attention à ceci; car la traduction porte par-tout le poisson pour le *quarter*.

gros de savon dur râpé; on ajoute de nouvelle eau à mesure qu'il s'en évapore, et on tourne et retourne la soie avec soin : enfin, on la lave et on la sèche : si cela ne suffit pas, on la fait bouillir de nouveau avec une autre once de savon.

Toute soie crue est roide et tire plus ou moins vers le jaune, à raison d'un vernis qui l'enduit , et qui n'est ni gommeux, ni résineux, mais huileux et indissoluble à l'esprit-de-vin. (1) Cette soie s'emploie pour les blondes, mais toute celle qui doit être teinte ou travaillée d'une autre manière, doit être décrusée. En ce cas on choisit communément celle de la meilleure qualité, parce qu'en en prenant d'une qualité inférieure, il en faut une plus grande portion, et qu'outre qu'elle devient matte, elle est fort long-temps à sécher et jaunit peu à peu. Celle qu'on veut teindre doit bouillir pendant trois heures , avec vingt parties de savon par cent : pour avoir le rouge clair, on en prend trente , et cinquante pour le haut rouge : celle qui est destinée à rester blanche , doit être traitée premièrement avec trente parties de savon par cent , dissous dans de l'eau fraîche : on

____

(1) En mêlant de l'acide muriatique à l'esprit-de-vin, on blanchit la soie, en lui conservant sa roideur. (Cette découverte est due à M. Baumé.)

2 *

suspend au dessus de la chaudière les écheveaux, ayant soin de les retourner jusqu'à ce qu'ils blanchissent : on les exprime alors, on les démêle, on les met dans de grands sacs, et on les tient en ébullition une heure et demie dans la même dissolution qu'auparavant.

Les Chinois se servent d'un fruit qui, avec l'alcali minéral, donne un parfait dissolvant, par lequel la soie acquiert un lustre supérieur à celui d'Europe. L'Académie de Lyon proposa pour sujet d'un prix, en 1767, la meilleure manière de décruer la soie. Ce fut M. Puguet qui l'obtint, en proposant une faible dissolution de soude : mais lorsqu'on travaille en grand, cela demande plus de précaution que n'en prennent ordinairement les ouvriers, et malgré ces soins, la soie ne sort pas bien blanche.

§. X I.

(*a*) Pour macérer la soie avec la noix de galle, voici comment il faut s'y prendre : pour chaque demi-once de noix moulue, on prend une demi-livre ou demi-septier d'eau, dans laquelle on jette la poudre; lorsqu'elle est bouillante, on l'ôte du feu; un petit moment après on y met autant de soie qu'il y a de galle; on couvre la chaudière au bout de quatorze heures, on en retire la soie, on la lave et on laisse sécher.

(*b*) Macérée de cette sorte, on la met dans une solution froide d'alun saturée avec de la craie; on l'y laisse dix-heures; on la lave ensuite et on la met sécher.

(*c*) Enfin, on teint la soie avec une quantité de garance égale à sa pesanteur ; jusqu'à ce qu'elle ait bouilli complètement et que l'écume commence à devenir pâle; elle ne prend qu'une couleur claire. Que l'on jette dans ce bain un peu de la cuve du noir, elle prendra un brun noir.

§. XII.

TEINTURE DU COTON AVEC LA GARANCE.

(*a*) Si, après avoir fait bouillir le coton pendant une heure avec un huitième de son poids de savon sec, on le lave pour lui donner à froid l'alunage que l'on prépare en faisant dissoudre sur le feu une once d'alun dans quatre onces d'eau, et saturant l'excès d'acide avec de la craie, de la manière dont il a été parlé ci-dessus ; si, dis-je, on fait sécher le coton, et on le lave pour ensuite le teindre comme à l'ordinaire, avec une égale portion de garance, non seulement la couleur qui en résulte est mauvaise, mais une décoction de cinq minutes dans une eau foible de savon suffit pour la détruire.

(*b*) On réussit mieux en commençant par faire macérer le coton avec la noix de galle, de la manière décrite au (§. **XI**). On dissout en même temps au feu une once un tiers d'alun, une once deux tiers de gomme arabique pour chaque poisson d'eau; on le sature, après qu'il est refroidi, avec de la craie. On y met ensuite le coton que l'on a fait sécher au sortir de l'engallage; on le tord, on le suspend et on le laisse sécher à l'ombre; enfin, on le teint, après l'avoir lavé, avec égale quantité de garance, ce qui lui procure un rouge assez beau, et qui peut même supporter une ébullition de dix minutes dans l'eau de savon, sans être altéré.

(*c*) Si l'on varie l'expérience (*b*), en dissolvant dans l'eau deux onces sept gros environ de gomme arabique, et deux onces deux tiers d'alun, et qu'après l'avoir saturé avec de la craie on mette le coton dans ce liquide épais, pour l'y faire bouillir et le

teindre ensuite comme il est décrit ci-dessus ,
la couleur sortira belle , quand même on le
débouilliroit cinq minutes dans l'eau de savon ; mais si on l'y laisse une heure, la couleur sera altérée : elle dégénèrera même après
une demi-heure d'ébullition.

(*d*) La même chose arrive, même sans
qu'on emploie la gomme, lorsqu'on prend
pour chaque poisson d'eau une once et demie
d'alun de Rome, (avec celui de Suède les
couleurs résistent moins au savon) et qu'on
procède pour le reste comme en (*b*) : la
couleur sera fort belle et supportera bien la
décoction de l'eau de savon.

Le lin, ou le chanvre, traité de cette manière,
prend aussi une bonne couleur; mais elle ne
résiste pas à un débouilli de cinq minutes dans
l'eau de savon.

(*e*) Lorsqu'on ne donne pas au coton le
bain de galle, et qu'on se contente de procéder comme en (*d*), il prend alors une
belle couleur de rose; mais il ne soutient
pas non plus le débouilli du savon. La noix
de galle appliquée pour mordant rend la
couleur plus solide et plus obscure , mais
elle s'éclaircit bientôt.

(*f*). Si l'on emploie de la craie, de l'alun de Rome, de la noix de galle, et de la garance dans la même portion qu'en (*d*), et qu'on fasse bouillir premièrement le fil pendant deux heures dans la dissolution de noix de galle, ensuite une heure avec l'alun, et enfin avec la garance, il n'en résultera qu'une très-mauvaise couleur.

(*g*). Qu'on mette, pendant l'espace de vingt-quatre heures, le coton macéré avec les galles, dans une dissolution décantée d'alun, composée de deux onces cinq seizièmes par poisson, et un quart d'once de craie en poudre, (c'est la bonne proportion pour empêcher que les cristaux ne s'attachent en se refroidissant) qu'on le lave, et qu'on le teigne avec une égale portion de garance, il en résultera une vilaine couleur qui ne soutiendra point l'action du savon : la même chose arrive en employant la garance de Turquie.

§. X I I I.

L'arsenic blanc ne contribue en rien à la perfection de la teinture du coton par la garance; car, si on dissout une once et un quart d'alun, et un gros d'arsenic, dans chaque poisson d'eau que l'on fait bouillir jusqu'à réduction de moitié; si on laisse, pendant vingt-quatre heures, dans ce mordant, le coton macéré avec la noix de galle; si, au bout de ce temps, on le fait sécher et laver, pour ensuite le teindre dans un bain de garance, la couleur n'en sera ni belle ni solide (1).

§. XIV.

La chaux ne procure non plus aucun avantage particulier; et pour l'éprouver, il n'y a qu'à dissoudre une once d'alun dans une suffisante quantité d'eau chaude : cette dissolution refroidie, y laisser le coton macéré avec la noix de galle pendant douze heures; le retirer, et lorsqu'il sera sec, le faire bouillir dans une quantité d'eau proportionnée, à laquelle on a ajouté le tiers de chaux tamisée; retirer le feu, et laisser refroidir le coton dans le mordant; le tordre, et le passer dans

______

(1) Si, au lieu d'avoir employé l'arsenic, tel qu'il se trouve dans le commerce, on l'eût combiné avec l'alcali fixe, *potasse*, on auroit obtenu un excellent mordant, en le mêlant avec l'alun.

une solution d'alun, faite à froid ; l'en retirer
au bout de douze heures ; le faire sécher ;
le laver ; puis le teindre avec la garance. La
couleur n'en sera pas belle ; mais elle supportera la coction dans l'eau de savon (1).

§. X V.

Faites bouillir, dans une suffisante quantité d'eau, du sel de soude, *alcali minéral*,
avec du soufre en poudre, jusqu'à ce qu'il
ne se dissolve plus rien ; retirez du feu ;
laissez reposer, et décantez : il résultera
une lessive qu'on a mise vainement à l'é-
preuve pour assurer le teint de la garance :
faites - y bouillir le coton pendant quatre
heures, jusqu'à ce que la soude commence
à abandonner le soufre, et celui-ci à s'unir au
coton ; séchez-le à l'instant ; lavez-le bien,
et remettez-le sécher : après cela laissez - le
vingt-quatre heures tremper dans une décoction de noix de galle ; suspendez-le pour le
faire sécher ; mettez-le encore autant de temps

---

(1) Il vaut mieux que l'alun soit dissous dans l'eau de chaux,
pour former un bon mordant.

dans une dissolution de deux onces cinq douzièmes d'alun par poisson , saturée par un quart d'once de craie (1); enfin suspendez-le de nouveau pour le faire sécher ; lavez-le bien, et laissez-le encore sécher. Si vous teignez avec une égale portion de garance, il en résultera une couleur d'autant plus mauvaise, que vous ferez bouillir le bain plus long-temps.

La garance de Turquie ne contribue pas à rendre la couleur meilleure.

En teignant le coton avec la garance sans autre préparation que celle de le tremper dans de l'eau avec différens sels, on a toutes les variétés du rouge, dont quelques unes supportent le débouilli dans la lessive et le savon ; mais elles se déteignent au soleil. La même chose arrive si on l'a macéré auparavant avec la potasse, le sel marin, le sel ammoniac, l'alun, ou la noix de galle. Cependant les couleurs sortent plus vives, si, après

______

(1) La chaux vive et la craie, qui est la chaux combinée avec l'acide crayeux, forment, avec l'excès d'acide de l'alun, une portion de gypse et de sélénite, qui peut être souvent préjudiciable, si on ne la sépare exactement. Ainsi je crois, avec Bergman, qu'il vaudroit mieux employer l'argile pure, qui de plus augmenteroit la quantité d'alun.

avoir fait bouillir le coton dans une lessive de potasse, on l'engalle, on le fait sécher, on l'alune, et on ne le lave que lorsqu'il est parfaitement sec.

Le rouge de Turquie est communément tenu pour un secret, quoiqu'il ne le soit pas pour ceux qui entendent la chimie, et qui ont quelques connoissances pratiques dans l'art de teindre. On a déjà remarqué que la couleur adhéroit mieux et plus facilement à la laine qu'au lin et au coton. Il y a donc dans les parties animales quelque principe qui y contribue, et qui ne se trouve pas dans les végétaux. En effet, si on travaille, comme on doit le faire, le coton et le lin avec certaines substances animales; ils deviennent, pour ainsi dire, de nature animale; et par ce moyen on fait adhérer solidement une couleur, qu'auparavant on ne pouvoit appliquer assez bien d'aucune façon : c'est en cela que consiste l'excellence du rouge de Turquie (1).

§. XVI.

TEINTURE DE LA LAINE EN ÉCARLATE AVEC LA COCHENILLE.

(*a*). Faites bien bouillir la laine avec du son.

---

(1) On trouvera à la fin de cet Ouvrage un Mémoire sur la teinture du coton en rouge incarnat, dit *rouge de Turquie ou des Indes*. En suivant exactement les procédés indiqués, on est sûr d'obtenir cette couleur, dont la solidité égale la beauté.

(*b*). Dissolvez un quart d'étain sur une partie d'eau régale, *acide nitromuriatique*, pour chaque livre de laine ; mettez dans une chaudière vingt pintes d'eau très-claire, une once et demie de cette dissolution, avec autant de crême de tartre et d'amidon : cette dernière substance rend la couleur plus uniforme.

1. La dissolution d'étain s'appelle ordinairement *composition*. La meilleure eau régale qu'on puisse avoir pour la faire doit être préparée avec l'acide nitrique délayé dans une égale portion d'eau très-pure, et avec un trente-deuxième de sel ammoniac, à proportion de l'acide, dans lequel on dissout peu à peu un sixième d'étain d'Angleterre, en petites feuilles. Hellot avoit coutume d'y ajouter un douzième de nitre, pour fixer la couleur d'une manière uniforme. On verse dans le bain un huitième de cette composition, peu après la cochenille, et avant d'y mettre la laine. En prenant pour modèle Scheffer, on doit employer sur chaque livre de laine trois dixièmes d'once d'étain, et une once deux dixièmes d'acide. Mais, suivant Hellot, à peine doit-on employer un demi-gros d'étain, tandis qu'il faut plus de trois gros et demi d'acide qui ne soit pas mêlé avec de l'eau.

(*c*) Mettez ensuite le feu sous la chaudière,

jetez-y, dès qu'elle bouillira, un gros de cochenille par livre de laine, remuez bien, mettez-y la laine, faites la bouillir une heure, et lavez-la à l'instant.

2. Quand on la tire il ne doit rester aucune couleur dans le bain; et pour cela il faut souvent une heure et demie. La cochenille et le tartre doivent être réduits en poudre fine et passés par le tamis.

Préparez un nouveau bain, et faites bouillir la même laine pendant une demi-heure, avec une demi-once d'amidon, trois quarts d'once de dissolution d'étain, demi-once de crême de tartre et sept gros de cochenille; remuez bien le tout : finissez par laver la laine dans l'eau froide et claire.

3. Hellot prenoit pour chaque livre de laine deux onces de crême de tartre, un gros et demi de cochenille, et deux onces de la composition pour le bouillon; et pour la rougie, demi-once d'amidon, six gros et demi de cochenille, et deux onces de la composition; il laissoit bouillir le tout une heure et demie. L'opération réussit mieux quand on se sert de chaudières d'étain fin : si on n'en a que de cuivre (1), il faut avoir l'attention de les net-

____

(1) Il faut se servir de cuivre jaune.

toyer d'avance, et de suspendre la laine en dedans en la tenant dans un filet, afin qu'elle n'en touche pas les parois. On appeloit autrefois écarlate d'Hollande, celle qui étoit la plus brillante; mais depuis qu'on l'a poussée en France à sa plus grande perfection, on l'appelle communément écarlate des Gobelins ou de couleur de feu. Si on ne détermine point la force de l'acide, il résulte des variétés dans la couleur. L'excès de la composition la fait dégénérer en jaune, ce à quoi l'on peut remédier, pour la plus grande partie, en la faisant ensuite bouillir dans l'eau seule, ou à laquelle on ajoute une très-petite quantité d'alun de Rome. Quand la couleur tire au bleu, on ôte la laine, et on y verse un peu plus de la composition. On se sert aussi de la décoction de curcuma, qui fait une fausse couleur; mais il est facile de découvrir cette fraude, en coupant le drap qui se trouve jaune dans l'intérieur, tandis qu'il devroit être blanc.

Il faut éviter avec soin l'eau crue qui fait tendre l'écarlate à la couleur de rose ou à la couleur bleue. En ajoutant à peu près un dixième d'eau rendue acidule par le son, et en la faisant bouillir on sépare les impuretés qui s'élèvent en écume : les racines blanches mucilagineuses produiront le même effet.

La cochenille donne par elle-même un rouge

qui tire au bleu ; mais en partie l'acide qui se trouve dans la composition, en partie la chaux blanche d'étain, avec laquelle se mêlent ses molécules colorées, font que l'œil en est jaune, et l'écla avivé fort agréable.

4. La cochenille est un petit insecte du genre des *coccus*, qui vient en Amérique sur l'*opuntia* (*cactus cochenillifer*. Linn.). Il y en a de deux espèces : la sauvage est la plus petite, elle donne une couleur plus solide, quoiqu'en moindre quantité, et trois ou quatre fois plus foible que la fine, qui est à l'abri des fâcheux temps de la pluie ; on la nomme *mesteque*, du nom de la province où on la trouve dans le Mexique. Les femelles sucent leur aliment en s'attachant fortement à la plante, restent immobiles lorsqu'elles ont pris tout leur accroissement (elles sont ensuite fécondées par les mâles, qui s'envolent après leur dernière métamorphose. Les femelles enflent alors, étant pleines d'une quantité considérable de petits, et meurent toutes enfin, sur l'endroit où elles ont déposé leur progéniture. On fait, dans l'année, trois récoltes de ces femelles indolentes. On garde une partie de la dernière récolte dans les maisons, sur des feuilles de *cactus tuna*, qui se maintiennent fraîches par leur suc abondant, quoique séparées des racines. La mauvaise saison étant passée, on les met dans de petits nids de mousse, sur l'*opuntia*, jusqu'à ce qu'elles

qu'elles pondent; ce qui ne tarde pas long-temps à arriver. Les petits s'étendent à l'entour, et les mères mortes donnent la première récolte de la cochenille. Trois ou quatre mois après on en fait la seconde, et autant de temps après suit la troisième. On tue avec de l'eau chaude, ou en les desséchant, celles qui doivent servir pour la teinture. Je ne sais si les mâles servent aussi dans leur plus grand accroissement. L'abondance de la couleur que donne cet insecte est si grande, qu'elle ne diminue pas sensiblement, même avec le temps, pourvu qu'il soit conservé dans un endroit sec; car on a trouvé de la cochenille de cent trente ans, aussi bonne que la fraîche. Il se fait annuellement en Europe une consommation de 7 à 900,000 livres de cochenille.

La décoction de cochenille est de couleur de rubis, un peu amère et sensiblement astringente. Si on y ajoute de l'eau, elle devient bleuâtre; pour rendre sa couleur tout-à-fait imperceptible, il en faut une quantité considérable. Presque tous les sels qu'on a essayés la précipitent sous différentes nuances, qui paroissent après la filtration. Une petite quantité d'acide lui donne une vive couleur de feu, mais elle est détruite à l'instant par une plus grande portion. L'acide vitriolique, saturé par le fer, la change encore en couleur de rose, jusqu'à ce qu'elle se dissipe en totalité;

les alcalis lui donnent une couleur bleuâtre, et en peu de jours un rouge tirant sur le jaune.

Les dissolutions de nitre, de sel marin, de sel ammoniac, et d'alun, la rendent plus éclatante. Un peu de dissolution d'étain donne un précipité du rouge le plus vif; mais si on en verse davantage, le liquide perd presque toute sa couleur. Le vitriol vert, *sulfate de fer*, donne un précipité brun : celui de cuivre, un dépôt violet· Dans les deux cas, la liqueur surnageante est presque claire.

§. XVII.

Si on fait bouillir la laine pendant une heure et demie dans la dissolution d'étain, mêlée avec de l'eau, et qu'on la mette ensuite dans une autre dissolution très-chaude d'un quart d'alun, pour l'y laisser jusqu'à ce qu'elle soit refroidie; qu'on la lave ensuite pour la teindre avec une once de cochenille par livre, elle acquiert un beau cramoisi, qui est proprement l'effet de l'alun.

La couleur cramoisie se fait communément en faisant bouillir la laine pendant deux heures avec deux onces et demie d'alun, et une once et demie de tartre blanc. Cela fait, on la teint pendant une autre heure, avec demi-once de cochenille par livre, qu'on jette dans l'eau quand elle est plus que tiède; observant d'y mettre la laine lorsqu'elle commence à bouillir. Pour avoir un cramoisi fin aussi beau que le faux, Hellot a mis la laine, après la teinture accoutumée, dans une dissolution fraîche d'un peu de sel ammoniac, et lorsqu'elle étoit un peu plus que tiède, il a ajouté une égale quantité de potasse ; à l'instant la couleur a tiré plus au bleu avec l'alcali volatil, et a acquis tout son lustre. A la vérité l'alcali fixe fait le premier effet, la laine en tire un foible lustre : l'orseille est plus d'usage pour obtenir cette nuance, quoique la couleur en soit fausse.

§. X V I I I.

Si on la fait bouillir, d'abord pendant deux heures, avec un quart de vitriol bleu, *sulfate de cuivre*, et aussitôt après, pendant une heure, avec une once de cochenille par livre, elle sortira un peu rougeâtre ; mais pour peu qu'on y ajoute du vitriol blanc, *sulfate de zinc*, elle deviendra d'une couleur verte tirant sur le gris.

En la teignant, sans la macérer auparavant, avec parties égales de vitriol bleu et de cochenille, elle prendra un vert obscur d'olive.

3 *

§. XIX.

(*a*) En la traitant de la même manière avec la couperose verte, *sulfate de fer*, et la cochenille, il en résulte un gris noirâtre.

1. En la teignant, sans la macération préliminaire, avec parties égales de vitriol vert et de cochenille, elle sortira d'un gris obscur.

(*b*) Si l'on dissout ensemble au feu un quart de couperose, *sulfate de fer*, et un huitième de tartre, et qu'on fasse bouillir une livre de laine, pendant deux heures, dans cette dissolution décantée, et une heure avec une once de cochenille, elle acquerra un brun obscur d'olive.

2. Hellot a trouvé que la couleur de la cochenille devient d'un gris d'agate, par l'effet du tartre vitriolé, *sulfate de potasse*, d'un gris destructible par celui du sel de Glauber, *sulfate de soude*, d'un châtain bigarré, avec la dissolution d'or ou de mercure; cannelle avec celle d'argent; d'un cramoisi sale, avec celle du cuivre dans l'acide nitreux; d'un beau gris, avec celle de bismuth; et d'une couleur cannelle avec l'arsenic.

(c) En donnant à la laine un bouillon avec le vitriol blanc, *sulfate de zinc*, et en la teignant ensuite avec la cochenille, elle sortira d'abord rougeâtre, mais en ajoutant un peu du même vitriol, elle paroîtra d'un beau gris, qui deviendra brun, si on la tient plus long-temps dans le bain de teinture.

§. X X.

(a) En saturant avec du plomb le quart d'eau forte, *acide nitrique*, d'une quantité donnée de laine, y mêlant de l'eau, et faisant bouillir la laine l'espace de deux heures dans ce mordant, en la lavant, et en la teignant avec une once de cochenille par livre, on a une belle couleur de rubis.

Mais si on met dans le liquide quelques morceaux de sucre de Saturne, *acétite de plomb*, et si on continue l'ébullition pendant une demi-heure, il en résulte un bon violet.

(b) En faisant bouillir pendant une heure, avec un quart de couperose verte, *sulfate de fer*, la laine teinte de la manière qui a été dite ci-dessus (a), elle prendra une couleur obscure presque noire.

(c) Si la laine teinte comme en (a) est mise

à bouillir, premièrement une demi - heure avec un peu de sel de Saturne, et puis une autre demi-heure avec le vitriol vert, quoique par l'effet du premier sel elle soit teinte en bleu, comme en (*a*), elle sortira cependant, par l'effet du second, sensiblement plus noire qu'en (*b*).

(*d*) Si on la fait bouillir deux heures avec un quart de dissolution de plomb, pour la mettre ensuite, sans la laver, dans une dissolution bouillante d'un quart d'alun; si on la laisse refroidir, si on la suspend la nuit afin qu'elle sèche, si on la lave et qu'on la tienne en ébullition pendant une heure, avec une once de cochenille par livre, et enfin deux heures dans la même liqueur avec un quart de vitriol de fer, elle sortira comme en (*c*).

§. XXI.

TEINTURE DE LA SOIE EN PONCEAU AVEC LA COCHENILLE.

(*a*) On mêlera une partie de sel marin dans quatre d'acide nitrique, dans laquelle on dissoudra une autre partie d'étain; on affoiblira la dissolution avec une double quantité d'eau;

on y laissera en infusion la soie pendant vingt-quatre heures ; on la retirera, on la lavera dans de l'eau claire jusqu'à ce qu'elle ne soit plus laiteuse. Elle jaunit quelquefois la soie, soit par sa nature, soit parce qu'on l'a cuite avec le savon.

1. Il est rare que la soie devienne jaune dans la dissolution d'étain, lorsque l'acide nitrique ne contient pas de fer, comme elle ne doit pas en contenir quand on la prépare pour ce teint. Cette dissolution ne s'altère pas non plus lorsqu'on y fait macérer la soie; on peut en diminuer seulement la quantité, et en réitérer l'usage plusieurs fois. Il ne faut pas néanmoins en préparer plus qu'on ne peut en consommer promptement, parce qu'avec le temps elle dépose quelques parties d'étain. Après avoir trempé la soie, on doit tout de suite la laver et la teindre le même jour, afin que l'acide n'ait pas le temps de produire un mauvais effet.

(b) On teint la soie ainsi macérée, pendant un quart d'heure, avec cinq sixièmes de cochenille, dans un peu d'eau, et sans y ajouter aucun mélange, afin que l'acide exerce mieux son action, pour la disposer à la couleur jaune : mais pour le cramoisi, il faut employer une grande quantité d'eau. La liqueur qui reste contient encore beaucoup de couleur, et peut servir à donner le bouillon à la laine, ou pour achever de la teindre.

2. On peut aussi mettre à profit la liqueur qui reste, pour d'autres couleurs plus claires en soie, et même pour le cramoisi fin, en y ajoutant une once ou une once et demie de cochenille par livre, et en macérant d'avance la soie avec l'alun.

(*c*) Si la soie ne jaunit pas dans la dissolution d'étain, elle ne prend qu'une haute couleur de rose.

3. En 1768, M. Macquer publia un procédé pour teindre la soie en écarlate. Ce procédé est à peu près celui qui étoit connu de M. Scheffer en 1751. Le premier le propose de la manière suivante : on prépare, pour six livres de soie, un mélange de quatre livres d'acide nitreux, et deux d'acide marin, dans lequel on jette une once d'étain de Malaca en grenaille, et on continue d'en ajouter peu à peu jusqu'à ce qu'il s'en dissolve trois livres, sans qu'il en résulte aucun précipité, les cinq ou six dernières onces pouvant être jetées à la fois. La dissolution doit être d'un brun obscur et transparent ; la dissolution achevée, on y met tout de suite la soie, qui a reçu un pre-

mier pied de *rocou* ; on l'y laisse une demi-heure, on l'exprime et on la lave jusqu'à ce que l'eau ne se trouble plus. Pour la teindre, on prend quatre onces de cochenille, et deux gros de crême de tartre par livre ; on fait bouillir le bain, on le délaie dans une autre plus froide, de sorte que la main puisse la souffrir ; on met la soie dedans, on anime le feu ; et après qu'elle a bouilli une minute, on la tire dehors et on la lave. Cette couleur supporte le savon, et tire seulement un peu sur celle de rose, si on l'expose au soleil pendant cinq ou six jours : ce qui arrive aussi à la laine ; au lieu que le rouge du carthame sur la soie devient, dans le moment même, presque entièrement pâle : outre que son usage est cher et accompagné de difficultés, il n'augmente pas non plus le poids de la soie jusqu'à un quart comme la cochenille.

(*d*) En exprimant la soie baignée dans la la dissolution d'étain, la laissant toute la nuit dans une autre dissolution froide d'une once d'alun par chaque pinte, la tordant pour qu'elle sèche, la lavant et la teignant ensuite, elle n'acquiert qu'un ponceau pâle.

4. En versant goutte à goutte la dissolution d'étain dans la décoction de la cochenille, elle

perd tant d'acide , que le métal se dépose et se colore. Cette laque écarlate , suspendue dans le liquide , s'attache à la laine et non pas à la soie , quand même on auroit préparé la soie avec des sucs animaux ou avec du savon fait avec des graisses animales (1).

(*e*) Si , après avoir laissé la soie toute la nuit dans la dissolution d'alun (*d*), on la lave bien jusqu'à ce que toute la chaux d'étain, qui est libre, s'en sépare, et qu'on la remette de nouveau dans une autre solution d'alun , où elle restera six heures ; enfin si on la teint comme il a été dit ci-dessus, elle sortira de couleur cramoisie foible.

(*f*) Après avoir dissous une partie d'étain dans quatre d'eau régale , *acide nitromuriatique* , et affoibli cette dissolution avec huit parties d'eau , mettez-y la soie en macération pendant douze heures ; lavez-la ; faites-la sécher et bouillir enfin comme ci-dessus , et en résultera un cramoisi bleuâtre.

---

(1) Les sucs animaux sont presque tous précipités par le nitre mercuriel sous une couleur de rose plus ou moins vive. Je m'empresse de citer ce fait nouvellement découvert , parce qu'il fournira peut-être quelque application pour la teinture.

(*g*) Si l'on procède avec le mordant, comme en (*f*), et qu'on exprime la soie, pour la mettre dans l'eau froide acidulée par un peu d'acide vitriolique, où elle restera toute la nuit; la lavant ensuite pour la faire sécher, et après cela si on la teint, elle sortira comme la précédente, tirant encore un peu plus sur le bleu.

(*h*) Si, après la macération dont il a été parlé en (*f*), on met la soie dans la solution d'alun; si on l'y laisse toute la nuit; si on la lave, la sèche, et la teint comme ci-devant, pour lui donner un second bain de cochenille, avec un peu d'acide vitriolique, on aura un beau ponceau.

5. L'infusion dans une dissolution froide d'étain, faite de la manière qui a été dite à la note troisième, rend plus solide le rouge des bois de teinture, qui d'ailleurs donnent une couleur fausse. Une forte décoction du bois de Brésil donne à la soie jaune une couleur d'écarlate inférieure, à la vérité, à celle de la cochenille; mais plus belle et plus solide que par la seule macération dans l'alun; et elle peut en outre résister à l'épreuve du vinaigre, comme le cramoisi et le ponceau fin; enfin on obtient aussi de la même manière un beau violet avec le bois de campêche.

(*i*) Si on fait bouillir la soie dans la dissolution d'étain, mêlée avec de l'eau, elle perd son lustre, comme on le voit par les épreuves suivantes.

On la fait bouillir une heure et demie dans trois huitièmes de dissolution d'étain (dans le cas qu'il lui soit resté du savon débouilli, sinon il n'en faudra qu'un quart). On la lave; on la teint demi-heure avec trois seizièmes de cochenille ; sur la fin la couleur devient beaucoup plus pâle qu'au commencement, quoiqu'on puisse la rehausser un peu en jetant dans la teinture une petite quantité d'acide vitriolique : elle reste néanmoins foible et sans lustre.

(*k*) Après avoir fait bouillir la soie dans la dissolution d'étain (*i*), l'avoir exprimée et tenue toute la nuit dans une dissolution d'un quart d'alun, si on la sèche, et si on la teint quinze minutes avec trois seizièmes de cochenille, elle prendra une couleur rose, mais aussi sans éclat.

(*l*) Si la soie qu'on a laissée vingt-quatre heures dans la dissolution d'étain, comme il a été dit en (*a*), et qui a été lavée et séchée, est remise encore pendant vingt-quatre heures dans la même dissolution, avec la quantité de tartre dont elle peut se charger à froid, et qu'ensuite on la lave pour la faire bouillir pendant une demi-heure avec cinq seizièmes de cochenille, elle sortira de couleur ponceau sans éclat.

(*m*) Après qu'on a tenu la soie vingt-quatre heures dans une dissolution d'étain, saturée à froid par le tartre, et qu'on l'a exprimée et laissée toute la nuit dans une dissolution d'une once d'alun pour chaque pinte d'eau; si on la lave et la teint pendant un quart d'heure avec cinq seizièmes de cochenille, il en résultera un cramoisi sans lustre sensible.

§. X X I I.

En la mettant en infusion toute une nuit dans la dissolution froide d'un huitième d'alun, en l'exprimant et la teignant avec trois dixièmes de cochenille et un peu d'eau-forte, l'espace de vingt minutes, on a une bonne couleur pourpre.

La macération avec l'alun et le tartre mêlés

ensemble, est beaucoup moins avantageuse qu'a-vec un des deux seulement.

§. XXIII.

TEINTURE DU COTON ET DU LIN AVEC LA COCHENILLE.

On commence par les tremper vingt-quatre heures dans une dissolution froide d'étain, après cela on les tord; on les lave, et on les teint un quart d'heure avec quatre seizièmes de cochenille ; ce qui donne au coton un rouge clair ; le lin sortira un peu plus obscur; ces deux substances supporteront bien l'action du soleil, mais non pas celle du savon.

Il est difficile de donner une couleur solide au lin, parce c'est avec peine qu'il reçoit les particules colorantes, et qu'il les abandonne souvent, même sans être lavé ni savonné. Comme il est aussi de peu de valeur, il ne souffre aucune couleur qui soit chère, ni aucune préparation qui soit longue et coûteuse. Aussi celui qui trouvera le moyen de donner au moindre prix toutes les couleurs au lin, de sorte qu'elles résistent au soleil et au savon, résoudra un problème très-intéressant.

§. XXIV.

TEINTURE DE LA LAINE AVEC LE KERMÈS.

(*a*) Pour bien réussir à teindre la laine avec le kermès, on prépare le mordant et la teinture, exactement comme ceux de la cochenille pour l'écarlate (§. VI), d'où il résulte un beau rouge qui tire cependant sur le jaune.

1. On peut remédier à ce défaut en employant une plus grande quantité de kermès.

2. Ce rouge est changé, comme celui de la cochenille, en jaune par les acides, et en bleu par les alcalis.

(*b*) En faisant bouillir la laine pendant deux heures avec un quart d'alun, et une heure avec une once de kermès par livre, elle dégénère en un cramoisi pâle.

(*c*) Si l'on substitue le tartre à l'alun, et que pour le reste on suive la même marche, la couleur sera encore plus pâle, et tirant moins sur le bleu.

3. En prenant du tartre sans alun, et autant de la *composition* que pour la cochenille, il résulte, à la suite d'un seul bouillon avec trois quarts de kermès, une vive couleur cannelle : en mettant ensuite la laine dans une dissolution d'alun, elle devient un peu rouge : en la faisant bouillir avec du tartre, de l'alun, de la *composition*, et du kermès, elle acquiert une couleur lilas de différentes nuances, suivant la proportion des substances dont on vient de parler; seulement l'alun doit être mis plus abondamment que le tartre.

(*d*) On dissout un quart d'étain dans une partie d'eau régale *acide nitromuriatique*, et on en prend trois onces pour chaque livre de laine avec autant de crème de tartre; lorsque l'ébullition commence, on y met la laine; on la fait bouillir une demi-heure avec un huitième de kermès, qu'il faut mettre également à l'instant de l'ébullition ; la couleur s'attache bien de cette manière, et sort assez belle, mais elle tend au jaune.

En la faisant bouillir trois quarts d'heure avec à peu près un quart de kermès, elle sortira encore plus belle et plus solide.

(*e*) Quand, après la décoction (*d*), on la
retiendroit

retiendroit pendant un quart d'heure avec un peu de cochenille, la couleur resteroit telle qu'elle étoit.

(*f*). Si l'ébullition commence comme il a été dit en (*d*), et qu'on la continue demi-heure avec dix-huit parties de kermès pour cent, une demie de cochenille, et autant de tartre purifié, la couleur sortira très-belle.

(*g*). Si on donne un bouillon comme en (*d*), pendant une heure, et qu'ensuite on en donne un second pendant autant de temps avec un dixième d'alun de Rome, pour teindre enfin cent parties de matière, avec dix-huit de kermès, une et demie de cochenille, la couleur réussira comme en (*f*).

4. Le kermès est un insecte qui s'engendre dans l'Europe méridionale, sur un petit chêne (1) (*quercus coccifera*). Les femelles ressemblent à de petits pois; elles se gorgent d'aliment, deviennent massives, et enfin restent sans mouvement. Lorsqu'elles ont quitté leur peau pour la dernière fois, elles pondent une infinité d'œufs, et meurent. La première jetée du prin-

---

(1) *Coscoxa* en Espagnol, *Yeuse* en François.

temps se place dans les angles que font les petites branches, et l'autre se fixe en grande partie
sur les feuilles : elle est aussi plus petite. On fait
toujours la récolte avant que les petits sortent et
cherchent les femelles. Un homme seul peut en
recueillir par jour environ deux livres. Ceux qui
achètent le kermès l'arrosent avec du vinaigre, et
le mettent au soleil, afin qu'il devienne rouge. On
s'en sert beaucoup dans le levant; mais à peine est-
il employé en Europe à autre chose qu'à teindre
la laine de quelques tapisseries, si on en excepte
l'écarlate de Venise ou de couleur de sang : elle n'a
pas l'éclat de l'écarlate ordinaire, mais elle résiste mieux au soleil et aux taches. On commence
par ébrouer la laine avec du son pendant une
demi-heure, ensuite on lui donne le bouillon
pendant deux heures avec un cinquième d'alun
de Rome, et un dixième de tartre rouge (par
proportion avec la quantité de matière à teindre)
dans de l'eau mêlée avec un cinquième d'eau sure,
on l'exprime mollement, on la met dans un sac
et on la laisse cinq jours dans un lieu frais. Pour
avoir une couleur chargée, on jette dans de l'eau
tiède trois quarts de kermès, et s'il est nécessaire,
parties égales; on y met la laine et on l'y fait
bouillir pendant une heure. Le drap, dont la
densité est plus considérable que celle de la
laine en écheveaux, n'est pas autant pénétré par

la couleur; aussi requiert-il presque un quart moins de sel et de matière colorante; il n'a pas non plus besoin de bouillir autant de temps. Avec une petite dose de kermès, on a des variétés plus claires et toujours plus pâles.

L'écarlate-migraine tire sur le rouge de sang; cette couleur est fort solide. On l'obtient de la même manière que l'écarlate de Venise, en remplaçant la moitié de kermès par une égale quantité de garance.

Après la macération avec le tartre vitriolé, le kermès donne une forte et belle couleur grise d'agate; le sel de Glaubert, *sulfate de soude,* un gris sale et destructible; la couperose verte et le tartre, un beau gris; le tartre et le vitriol bleu, une couleur olive, de même que la dissolution de cuivre dans l'acide nitreux; celle de bismuth versée goutte à goutte sur le bain de kermès, dans le temps de l'ébullition, un violet, etc., comme l'a observé Hellot.

On peut aussi teindre en rouge avec la gomme laque, sur-tout celle qui se trouve en petits bâtons, appliquée par certaines fourmis volantes sur les branches du *croton lacciferum.* Cette gomme contient une couleur soluble à l'eau. Pour savoir la proportion exacte, Hellot avoit coutume d'en extraire la couleur dans l'eau avec le mucilage de la

4 *

consoude (*symphytum*), de la précipiter avec l'alun, de recueillir et de laisser sécher le produit. De cette manière, à peine obtient-on plus d'un cinquième de laque en poids, ainsi on n'épargnera guères, en l'employant au lieu de la cochenille, sur-tout sa couleur n'étant pas aussi exaltée; mais comme elle est très-solide, on peut s'en servir avec avantage pour donner le bouillon.

La cochenille de Pologne (*coccus Polinicus*) qu'on recueille après la Saint-Jean, dans une certaine province de Pologne, sur les racines d'une espèce de *polygonum* (1) (*scleranthus perennis*), est en grand usage en Turquie pour teindre la laine, la soie, les crins et les ongles; mais on ne la connoît pas dans les teintures d'Europe, parce qu'elle coûte plus cher que la cochenille d'Amérique. Elle donne seulement, par elle-même, le cramoisi comme l'autre.

§. X X V.

En faisant bouillir pendant deux heures la laine avec un quart de vitriol bleu, et puis avec un quart de kermès, on a une mauvaise couleur d'olive qui jaunit.

---

(1) Selon Tournefort, c'est une espèce de pied de lion.

§. X X V I.

En faisant le même essai avec le vitriol vert, *sulfate de fer*, il résulte une couleur brune, qui seroit bonne si elle tiroit un peu plus au jaune, ce qu'on obtiendra probablement en ajoutant un peu de vitriol bleu, *sulfate de cuivre*.

§. X X V I I.

Quant à la soie, on la trempera premièrement dans une dissolution d'étain (§. XXI, *i*); on la laissera dix-huit heures dans une autre dissolution froide d'un huitième d'alun; on l'en retirera, et enfin, on la fera bouillir pendant quinze minutes avec trois quarts de kermès, après quoi elle sortira entièrement rougeâtre et sans aucun lustre.

Les épreuves qui ont été faites jusqu'à présent pour teindre avec le kermès, la soie, le lin et le coton, sont insuffisantes pour pouvoir engager les artistes d'en faire usage pour colorer ces sortes de matières.

§. XXVIII.

TEINTURE DE LA SOIE AVEC LE CARTHAME.

(*a*) Après avoir mis le carthame dans un sac, on le lave dans de l'eau jusqu'à ce qu'en l'exprimant, il ne donne plus de couleur, et que les fleurs, qui d'abord étoient jaunes, deviennent rouges, étant séchées; on perd en cela à peu près la moitié du poids.

1. La fleur du carthame (*carthamus tinctorius*) contient un jaune qu'il faut extraire par le moyen de l'eau, afin que l'alcali fixe puisse ensuite en détacher un rouge pur : on donne aussi le nom de safran à cette substance colorante, probablement à cause de la ressemblance qu'elle a avec le véritable safran, qui, toutefois, ne donne aucune couleur rouge (1).

(*b*) Le carthame lavé doit être mis, sans être ni bien sec, ni bien humide, dans une dissolution d'alcali fixe, préparée avec autant qu'il en faut pour séparer complètement la

---

(1) Elle est plus connue sous le nom de *saffranum.*

partie colorée. Les teinturiers prennent une once d'alcali pour chaque livre de carthame non lavé : une trop forte dose non seulement exige, mais inutilement, plus d'acide, mais encore obscurcit la couleur ; c'est pourquoi il vaut mieux n'en prendre au commencement que ce qu'il en faut précisément, parce que si on n'extrait pas ainsi toute la partie colorante, on en peut ajouter ensuite pour l'obtenir en totalité.

2. Ordinairement on met le carthame dans des baquets, avec six parties pour cent, de cendres passées par un tamis, ou de soude : on le pétrit et on en fait la lessive avec de l'eau, jusqu'à ce qu'il perde toute sa couleur. Comme la portion d'alcali fixe, déjà employée, n'est pas toujours suffisante, on en ajoutera s'il le faut davantage.

(c) Après trois ou quatre heures, on peut employer pour teindre l'infusion ci-dessus (b). On exprime le carthame dans un filtre, et on continue, en le lavant, jusqu'à ce que l'eau ne soit plus teinte. La couleur qui passe la première est entièrement brune.

(d) En saturant la lessive par un acide, elle

devient d'un très-beau rouge; il faut pour cela
se servir de jus de citron qui aura fermenté et
déposé ses impuretés ; la partie acide restant
libre. Les citrons qui nous viennent de France
ou d'Alicante sont bons pour cela. Le jus
récent ne vaut rien. Le vinaigre distillé ne
procure pas une couleur aussi vive. On peut
substituer à l'acide, des citrons, le jus des baies
du sorbier des oiseleurs (*sorbus aucuparia*),
en les écrasant bien dans un mortier avec un
pilon de bois, et en exprimant le jus qu'on
laisse fermenter. On le met en bouteilles, et
la partie claire, qui est la plus acide, est
d'autant plus propre à ce procédé, qu'elle est
plus ancienne. Ce travail ne doit être entre-
pris que lorsque ces baies approchent de leur
maturité.

Quand l'écume devient d'un rouge clair,
tirant sur le pourpre, c'est un signe qu'il y a
assez d'acide ; s'il y en avoit un excès, la couleur dégénèreroit en cramoisi.

(*e*) On retourne la soie avec soin dans cette
liqueur saturée, jusqu'à ce qu'elle en prenne
toute la couleur. On la passe ensuite dans
un bain frais, et on répètera la même opé-

ration jusqu'à ce qu'on ait obtenu le rose vif qu'on veut avoir.

Comme on a auparavant fait décruer la soie avec du savon, il n'est pas nécessaire de la laver, il suffit de l'exprimer avant de la plonger dans la teinture.

3. Pour donner à la soie une vive couleur de feu, il faut la cuire comme pour la blanchir, et lui donner un premier bain avec le rocou ou plutôt avec la partie extractive jaune du carthame.

(*f*) Cette belle couleur s'altère tant au soleil qu'au lavage ; mais si on a employé le jus du sorbier, on peut l'exposer tout un jour aux rayons solaires, sans qu'elle subisse de changement sensible; tandis que dans le même espace de temps celle qui a été précipitée par le jus de citron, pâlit et se décolore promptement dans le même espace de temps.

§. XXIX.

TEINTURE DU COTON ET DU LIN AVEC LE CARTHAME.

La manière de procéder pour le coton et le lin est la même que pour la soie.

1. J. Beckmann, professeur de Gottingue, a publié récemment, sur ce sujet, de très-bonnes expériences. Le lin qui a été bien trempé dans la dissolution alcaline de la couleur qu'on a neutralisée ensuite dans de l'eau rendue acide par le jus de limon, l'acide vitriolique, l'alun, ou la dissolution d'étain ; ce lin, dis-je, devient susceptible de plusieurs teintes ou variétés, qui sont belles, et qui prennent plus de corps si l'on répète le même procédé. Il est encore avantageux de lui donner le premier bain avec le jaune du carthame, qui, par lui-même, le fait tendre au rouge, en lui donnant un bouillon avec du tartre pur et de l'alun. Si on le lui donnoit d'abord avec la garance et l'alun, et qu'on y laissât tout le temps que la liqueur seroit chaude, il prendroit dans la dissolution alcaline, neutralisée par l'acide vitriolique, un beau rouge qui tireroit au violet. En saturant plus ou moins la dissolution par l'acide vitriolique, et en la faisant bouillir avec le lin cru, ou après qu'il a reçu le premier bain, il résulte à proportion de l'acide, de l'eau, etc., et du temps qu'elle bout, plusieurs nuances de rouge, de violet, de brun, et même de noir. On peut, avec le carthame, teindre la laine en jaune aussi bien qu'en rouge ; mais cette couleur n'a aucune solidité.

2. Outre les substances, dont il vient d'être fait

mention, il y en a d'autres qui donnent une couleur rouge ; comme le bois de Fernambouc (bois
d'un arbre de l'Amérique méridionale qui n'est
pas connu); le bois de Brésil (*cæsalpinia* L.);
l'orseille (*lichen roccella et parellus* L.), dont
il y a deux espèces : la première croît abondamment aux îles Canaries, et l'autre en Auvergne :
les deux se préparent avec l'urine et la chaux vive ;
le poil de chèvre teint avec la garance qu'on dissout
ensuite par un alcali fixe, etc. ; mais il n'y a que
l'orseille de laquelle on puisse extraire, par le
moyen de la dissolution d'étain, un beau rouge
assez durable ; mais qui ne peut être comparé à
celui de la cochenille, ni pour la beauté, ni pour
la solidité.

CHAPITRE II.

DE LA COULEUR JAUNE.

§. XXX.

TEINTURE DE LA LAINE AVEC LA GAUDE.

(*a*). On commence par ébrouer la laine avec du son.

(*b*). On lui donne ensuite, pendant deux heures, un bouillon, avec un quart d'alun, et un douzième de tartre.

(*c*). Pour préparer la couleur, on fait bouillir dans de l'eau, pendant une demi-heure, une quantité de gaude égale en poids à celle de la matière à teindre ; on la retire ; on met la laine dans le bain, et on la retourne avec précaution jusqu'à ce qu'elle prenne la couleur qu'on désire. Il faut beaucoup d'attention pour qu'elle ne sorte pas obscure. Le mieux est de faire bouillir l'eau ;

y jeter la gaude ; ôter la chaudière du feu
et la couvrir ; la remettre de nouveau à cuire ;
en tirer la gaude le lendemain matin ; y mettre
la laine ; ôter la chaudière du feu ; la couvrir
et la laisser ainsi toute la nuit ; la remettre
à cuire ; ôter la gaude, et y mettre la laine.
Il faut entendre, quand nous parlerons do-
rénavant des décoctions de gaude, que la
teinture doit toujours être bouillante, lorsqu'on y met la laine ; mais qu'elle ne doit
plus bouillir après.

(*d*). Lorsque les teinturiers ont tiré la plus
grande force de la partie colorante, ils ont
coutume d'y jeter de la chaux pour en obtenir un nouveau produit ; non seulement
cela est inutile, puisque la gaude donne sa
couleur, sans aucune addition, mais est préjudiciable, parce que tous les acides, même
les plus foibles, tels que le vinaigre, ou la
bière aigrie, occasionnent des taches qui
disparoîtront par le moyen d'un alcali ; car
si on trempe dans une lessive froide un
petit morceau d'étoffe teinte avec la gaude,
le jaune en acquerra le plus grand éclat.

(*e*). Après le gaudage, c'est-à-dire la teinture avec la gaude (*c*), la liqueur reste tou-

jours jaune; ce qui prouve que c'est un excès d'employer, comme on le fait régulièrement, des portions égales de gaude. Il ne faut en mettre d'abord que la moitié, et en ajouter à mesure que la laine à laquelle on a donné le bouillon prend un beau jaune.

Les Suédois appellent communément cette plante colorante *wau* ou *wo*; les Allemands la nomment *wiede*; les Anglois *woad*; les François *Gaude*; et c'est le *reseda luteola* de Linné : elle donne une couleur bonne et solide, plus ou moins vive selon les divers mordans, ou les quantités d'alun, de sel marin, de sel ammoniac, de plâtre, etc., qu'on emploie. Cette plante donne aussi au lin et au coton un jaune solide qui ne peut en être enlevé ni par le soleil, ni par le débouilli avec le savon.

§. X X X I.

(*a*). En donnant, pendant deux heures, à la laine, un bouillon, avec un quart de dissolution d'étain, et un quart de crême de tartre, en la lavant et en achevant de la teindre pendant quinze minutes, avec un poids égal de gaude, elle prend une belle couleur.

(*b*). Si, après avoir appliqué ce mordant,

on la teint pendant une demi-heure avec la moitié de gaude, on a une bonne couleur, qui est plus foible; mais celle-ci et la précédente ont beau être vives, elles ne pénètrent point le drap; donc l'intérieur reste blanc.

(*c*). En macérant la laine pendant deux heures avec une once et demie de dissolution d'étain, et autant de crême de tartre, et en achevant de la teindre pendant une heure avec un seizième de gaude, il sort une couleur détestable, qui ne pénètre pas non plus le drap.

§. X X X I I.

TEINTURE DE LA SOIE AVEC LA GAUDE.

(*a*). On la macère dans une dissolution d'étain préparée au feu, avec quatre parties d'acide nitrique, une de sel marin, et une autre d'étain saturée par la crême de tartre; on l'y laisse vingt-quatre heures; on la lave, et on la teint pendant une demi-heure avec une égale quantité de gaude; ce qui procure une belle couleur de paille.

Après avoir cuit cent parties de soie avec vingt parties de savon, l'avoir macérée avec l'alun, on la met ordinairement dans un bain filtré à travers un tamis, dans lequel on a cuit, un quart d'heure, la moitié de gaude, et qu'on a laissé refroidir au point que la main puisse le supporter. On fait ébouillir cette même gaude dans de nouvelle eau ; elle sert à remplacer la moitié du premier bain que l'on jette : on y teint la soie comme la première fois : finalement on met un dixième de potasse dans ce qui reste du second bain, dans lequel, après l'avoir clarifié, on retourne la soie jusqu'à ce qu'elle arrive au point désiré. Pour avoir la couleur de citron, il faut employer trente-cinq ou quarante parties de savon pour cent; car plus la soie aura été blanche, plus la couleur sera belle. Si on ajoute un peu de safran d'Orléans à la lessive ci-dessus, il résulte un jaune d'or qui n'a aucune solidité.

Les graines d'Avignon, ou les baies de l'Epine-Cormier (*rhamnus infectorius*, Linné), peuvent être employées de la même manière que la gaude; mais leur couleur est beaucoup moins solide.

La pâte du fruit du *bixa orellana* (1), que nous appelons rocou, donne une couleur résineuse, qu'il faut extraire avec un tiers de potasse; ce qui fait qu'elle tire moins au rouge de brique : elle donne

____

(1) C'est l'*urucu* des botanistes.

sans

sans mordant, la couleur d'aurore. Si elle doit servir de base pour le mordoré, on donne à la soie un pied avec cette substance, et on la teint ensuite avec le bois jaune et celui de Campêche. Si la couleur sort rouge, on peut la faire tendre plus au brun, avec un peu de couperose verte. L'alcali fixe jaunit la couleur du rocou, qui sans cela seroit rouge; de sorte qu'en le saturant plus ou moins par un acide, on a le degré de rouge que l'on désire, par exemple l'orangé.

Avec le bain qui a servi pour la couleur aurore, on obtient celle d'or et de chamois; mais au bout de quelque temps elle devient couleur de brique.

(c). En répétant l'expérience précédente, il sortira une couleur désagréable, si on omet seulement la crême de tartre; ce qui prouve son utilité pour le cas présent.

(d). Pour faire voir au contraire l'inutilité de l'alun, si on trempe, comme auparavant, la soie dans la dissolution d'étain; si on la met dans une dissolution d'une once d'alun par pinte; si on la lave, pour la teindre avec un peu plus de son poids de gaude, on n'aura pas une belle couleur.

(*d*). Lorsqu'on la fait bouillir pendant une heure et demie avec trois quarts de la dissolution d'étain, qu'on la lave, qu'on la fait sécher, et qu'enfin on achève de la teindre avec la gaude, elle reste très-pâle et sans lustre.

Cette couleur a la préférence sur les autres jaunes, quand elle sort belle, parce qu'elle résiste bien aux acides; ce qui n'est pas un petit avantage.

§. XXXIII.

TEINTURE DE LA LAINE AVEC LA SARRETTE.

(*a*). Après l'ébrouage avec le son, on donnera un bouillon, pendant une heure, à la laine, dans la dissolution d'une once d'alun pour chaque pinte, et un douzième de crême de tartre; on la retirera; on la mettra égoutter; au bout de douze heures on la lavera bien avant de la teindre.

(*b*). On mettra la sarrette dans de l'eau froide; on la fera bouillir une heure; on la décantera, et on tournera la laine dans le bain, jusqu'à ce qu'elle prenne la couleur qu'on désire.

Cette plante, que les Allemands nomment *scharte*, et les François *sarrette*, est la *serratula tinctoria* : elle donne une bonne couleur jaune, moins belle que celle de la gaude, et tirant sur le vert. Les mordans, ou l'addition du sel marin, de l'alun, du plâtre, du vitriol, etc., produisent différentes variétés de nuances, dont le plus grand nombre résiste au soleil et au savon, même sur le coton et le lin.

§. XXXIV.

La dissolution d'étain opère aussi avec la sarrette un très-bon effet ; car si l'on fait bouillir, pendant deux heures, la laine avec trois seizièmes de cette dissolution, et autant de crême de tartre ; si on la lave, et si on achève de la teindre, de la manière qui a été dite, sa couleur est beaucoup plus vive qu'en (§ XXXIII).

La soie macérée comme en (§ XXXII, *a*), et teinte avec la sarrette, prend une couleur d'or qui n'est pas bien brillante.

§. X X X V.

TEINTURE DE LA LAINE EN JAUNE AVEC LES FEUILLES DE SAULE.

(*a*). On dissout au feu trois onces d'alun et une once de tartre blanc par chaque livre, dans quatre ou cinq pintes d'eau : quand elle sera refroidie, on y mettra la laine; on l'y laissera toute la nuit en macération ; on l'exprimera un peu ; on la lavera dans l'eau courante, et on la tordra. En se servant de la crême de tartre à la place du tartre même, la couleur sortira plus vive.

(*b*). On prépare le bain avec des feuilles qu'on a ramassées vers la fin d'août ou au commencement de septembre , et qu'on a laissées sécher dans un endroit ombragé où il y ait un courant d'air libre. On en prend la quantité qu'on juge convenable, sur la proportion d'eau qu'on veut employer, et on la fait bouillir une demi-heure. On y ajoute un demi-gros de potasse blanche par livre , pour rendre la couleur plus vive et plus fon-cée; après quoi on passe au tamis ; on tient le bouillon chaud, non bouillant, mais près de bouillir; on y plonge et on y remue la laine, jusqu'à ce qu'elle ait pris la couleur qu'on désire, on la met ensuite sécher à l'ombre.

Par *saule* il faut entendre ici le *salix pentandra*.

§. XXXVI.

TEINTURE DE LA SOIE EN JAUNE AVEC LES MÊMES FEUILLES.

On prépare le mordant avec quatre onces d'alun de Rome, une once de tartre blanc par chaque livre; on fait dissoudre ces substances au feu dans trois à quatre pintes d'eau; mais on n'y plonge la soie, pour l'y laisser douze heures, que quand la liqueur est froide : on la retire; on la presse mollement, on la lave promptement dans une eau courante, et l'on en exprime bien l'eau. Si l'on emploie de la crême de tartre, au lieu de tartre, on aura une couleur plus vive.

Le bain de teinture se prépare, et l'on opère comme il est prescrit dans l'article (*b*) précédent.

§. XXXVII.

TEINTURE DU LIN ET DU COTON AVEC LES FEUILLES DE SAULE.

(*a*) On prépare le mordant avec quatre onces d'alun, dissous au feu dans trois ou quatre pintes d'eau, et on y met la matière à teindre, pour la laisser macérer pendant douze heures, comme il a été dit pour la soie.

(*b*) Le bouillon se donnera comme ci-devant.

1. Le directeur Scheffer communiqua à M. Alstroemer le secret de teindre le lin et le coton avec le saule en un jaune fin; chose pour laquelle on avoit proposé un prix considérable en Angleterre, l'année précédente : mais cette couleur n'étoit pas bien vive, tiroit un peu sur le vert, et ne résistoit ni à l'action du soleil, ni au débouilli avec le savon.

Le chevalier Alstroemer, ancien conseiller du commerce, a trouvé depuis, à force de tentatives, que la couleur sort plus chargée, en macérant le lin avec six onces d'alun, en le tordant et le séchant avant de l'éteindre. Il a découvert aussi, que pour l'extraction complète du principe colorant, il faut une demi-once de potasse par livre.

Je soupçonne très-fort que Scheffer a confondu le saule commun avec le laurier-saule (*salix pentandra*); car, il ne pouvoit adopter pour fine une couleur dont la plus grande partie se dissipe au soleil en peu de semaines.

2. L'acide nitreux donne à la laine et à la soie, en trois ou quatre minutes, un jaune clair, beau et durable. Il faut à l'instant laver l'une et l'autre dans beaucoup d'eau; plus l'acide est déphlogistiqué, meilleur est l'effet qu'il produit, spécialement lorsqu'on emploie l'indigo, le tournesol, le rocou ou d'autres substances analogues, en les mettant avec six ou huit parties d'eau, et en y faisant bouillir la laine. Elle deviendra d'autant plus jaune, qu'on l'y laissera plus long-temps. C'est pourquoi il faut réparer, avec une nouvelle liqueur, celle qui s'évapore. Comme l'acide ne peut colorer plus d'une certaine quantité d'une étoffe, pour lui faire recouvrer cette faculté, on y dissout du fer, et on distille. La macération avec l'alun a des avantages; de cette manière la soie ne perd pas son lustre.

§. XXXVIII.

TEINTURE DE LA SOIE AVEC LA CAMOMILLE DES TEINTURIERS.

On fait cuire la camomille dans de l'eau claire, dans laquelle on verse goutte à goutte un peu de dissolution d'étain saturée par la crême de tartre, jusqu'à ce que le bain devienne suffisamment jaune. On le maintient chaud sans qu'il bouille; on y met la soie, et on la retourne jusqu'à ce qu'elle soit bien colorée en jaune, lequel sort très-beau, si on emploie de l'eau pure qui ne précipite point la dissolution d'étain.

La camomille des teinturiers (*anthemis tinctoria*) abonde en un principe extractif jaune.

§. XXXIX.

TEINTURE DU LIN OU DU COTON DE COULEUR DE ROUILLE.

(*a*) On les fait bouillir pendant une demi-heure avec le savon, et on les exprime.

(*b*) On les met pendant douze heures dans une solution de vitriol vert, *sulfate de fer*, on les étend, et on les fait presque sécher.

(*c*) On les trempe ensuite dans l'eau qui a servi à éteindre la chaux vive ; on les y laisse jusqu'à ce qu'ils jaunissent ; il faut pour cela un quart d'heure à peu près : on les retire et on les tord.

(*d*) Enfin, on les replonge dans la dissolution vitriolique ; puis on les expose à l'air, on les sèche et les lave très-bien.

Cette couleur imitant les taches de rouille, il s'ensuit qu'elle n'est nullement belle : mais elle résiste au soleil et au savon, et ne peut être détruite que par un acide.

Plongés ensuite dans un bain de garance, ils deviennent plus ou moins obscurs ou bruns, suivant sa force et le temps qu'on les y laisse ; ainsi on peut se servir avec avantage de ce procédé pour faire les noirs, les violets, et les bruns sur les toiles que l'on imprime.

§. X L.

TEINTURE DE LA LAINE AVEC LE BOIS JAUNE.

(*a*) On lui donnera pendant deux heures

un bouillon avec un quart d'alun et un douzième de tartre blanc, on la retirera, et on la laissera reposer pendant douze heures.

(*b*) On préparera la teinture avec la moitié de bois jaune, en poids de celui de la matière à teindre, mis dans un sac de toile, et on le fera bouillir pendant un quart d'heure: on ôtera la chaudière du feu, on plongera dans le bain la laine que l'on aura lavée, on la tournera avec soin. Au bout d'une demi-heure on l'en retirera, et on la lavera. La couleur sera assez belle, mais elle s'altérera sensiblement, en l'exposant seulement un jour au soleil.

Cette matière colorante s'extrait d'une espèce de mûrier (*morus tinctoria*), qui croît dans les Antilles et principalement à Tabago. En macérant la laine avec de l'alun, ou avec la dissolution d'étain, la couleur sort très-vive, elle est alors aussi solide que celle que donne la gaude.

Outre les substances dont il a été mention, on emploie encore le bois de sandal (*santalum album*); le fustet (*rhus cotinus*); la racine de curcuma (*curcuma longa*); les fleurs de genêt (*genista tinctoria*); l'écorce de l'épine-vinette (*berberis vulgaris*); la fleur de cerfeuil sauvage

(*chærophyllum sylvestre*); la grande ortie (*urtica dioica*), etc. , dont les couleurs, quoique fausses, sont souvent très-belles (1).

INSTRUCTION sur l'emploi de l'écorce du quercitron *, ou* yellow-oak *en teinture, impression, et autres ouvrages ; par* EDOUARD BANCROFT, *de la Société Royale de Londres, et correspondant de celle de Paris.*

POUR LES COLORISTES DES MANUFACTURES D'INDIENNE.

« Les propriétés de cette écorce, quoique supérieures, sont en beaucoup de circonstances très-semblables à celles de la gaude ; et toute couleur ou nuance de couleur possible, qu'on peut obtenir de cette dernière, peut l'être pareillement, plus avantageusement, et à plus de moitié meilleur marché de l'écorce du *quercitron* ou *yellow-oak*, employée de la même manière à peu près, et avec

─────────

(1) Depuis que Scheffer a publié son ouvrage, Edouard Bancroft, de la Société Royale de Londres, a fait connoître une nouvelle substance pour teindre en jaune. On croit devoir faire plaisir aux lecteurs, en rapportant en entier l'instruction que ce Savant a publiée sur la manière de l'employer en teinture.

les mêmes mordans. Le fabricant d'indienne qui voudra tirer un gros jaune solide de l'écorce du *quercitron*, doit employer le même mordant ou mélange d'alun et sel de Saturne, épaissi avec de l'amidon ou de la gomme, ainsi qu'on en use pour fixer le jaune de gaude sur toiles de coton ou fil et coton préparées comme de coutume, lesquelles, après avoir été mises au sec le temps convenable, doivent être rincées de la manière ordinaire, et alors teintes avec la poudre de l'écorce du *quercitron* (1), jetée peu à peu dans une quantité convenable d'eau tiède, quelques minutes avant la toile ou toile de coton qu'on veut teindre, se souvenant qu'une livre de ladite écorce produira à peu près l'effet de dix livres de gaude, et employant seulement une chaleur très-modérée, dans laquelle les parties qui auront été empreintes du mordant, recevront un jaune plein et durable, tandis que le reste de la toile en aura été à peine coloré.

Jusqu'à présent les manufacturiers d'indiennes

---

(1) Quand l'écorce du *quercitron* est écrasée dans un moulin de tanneur, elle tombe partie en poudre et partie en fibres de paille, semblables à des fils ou ficelles, qui contiennent moins de couleur que la poudre; c'est pourquoi l'un et l'autre résultat doit être employé dans sa proportion naturelle; autrement la couleur obtenue excèderoit ou seroit moindre que ce qu'on attend; l'écorce doit toujours être écrasée avant d'être employée.

en Angleterre se sont généralement trompés, en employant trop d'écorce à la fois, et en s'en servant dans un degré d'ébullition continuée; laquelle fait |dissoudre en partie la portion résineuse, le jaune en contracte une nuance brune, et les parties destinées à rester blanches, sont empreintes sans nécessité, beaucoup plus qu'elles ne l'eussent été autrement, alors il faudra bien plus de temps pour les blanchir. Si au lieu d'un gros jaune foncé on veut obtenir de l'écorce de *quercitron* un jaune clair, citron, ou quelques nuances plus pâles, il ne faut que diminuer la proportion du sel de Saturne dans le mordant, c'est-à-dire employer environ une livre de ce dernier pour quatre ou cinq livres d'alun. Cependant il y a des imprimeurs qui, pour avoir le jaune *clair* et *très-brillant*, préfèrent un mélange de cette écorce avec la gaude à l'un ou l'autre employé séparément.

Si, au lieu de l'écorce du *quercitron* seule, on y joint une portion de garance préparée comme à l'ordinaire, on aura une couleur orange, très-solide, qui tirera plus ou moins sur le rouge, selon le plus ou le moins de garance qu'on y aura ajouté. Cette manière d'employer l'écorce du *quercitron*, et la garance ensemble, fournira beaucoup de nuances de couleurs nouvelles et très-solides; une petite partie de l'écorce du *quercitron* rendra même le rouge de garance plus brillant et plus beau.

L'écorce du *quercitron* employée, comme dans le jaune, donnera toutes les différentes nuances de vert, aux fonds et desseins bleus imprimés avec le même mordant, et d'une manière bien plus avantageuse, parce que la couleur de cette écorce s'unit bien mieux avec le bleu que celle de la gaude.

Si, avec le mordant employé pour le jaune, on mêle une partie suffisante de la dissolution ordinaire ou liqueur de ferraille, l'écorce de *quercitron* donnera, par les mêmes procédés, les différentes nuances d'olive, d'olive verte et de merde-d'oie, avec d'autres variétés de couleurs de ce genre; et si on ne se sert d'autre mordant que de la liqueur de ferraille, épaissie avec de la gomme, la couleur de l'écorce de *quercitron* en deviendra plus foncée, et produira le brun d'olive foncé. En effet, toutes les variétés de la couleur d'olive se trouvent bien plus parfaites, lorsqu'on fait usage de l'écorce, que par la gaude, ou par toute autre drogue connue jusqu'à présent; si on emploie différentes portions de garance avec l'écorce, il en résultera une variété considérable de *bruns foncés*, solides, et de couleur de *tabac*, sur les toiles de fil ou coton imprimées, soit avec la liqueur de ferraille seule, ou avec un mélange de cette liqueur; et celle d'alun et de sel de Saturne, etc.

Les imprimeurs en toile, au lieu d'employer les

différens mordans seuls, séparément, et avant les matières colorantes, désirent depuis long-temps pouvoir les mêler, imprimer, ou piceauter ensemble, pour faire ce que j'appelle des couleurs substantielles. L'écorce du *quercitron* est singulièrement propre à remplir cet objet, puisqu'elle produit des effets qu'on ne sauroit obtenir par d'autres moyens. Par exemple, pour avoir un jaune substantiel et très-beau, il faut faire bouillir dans huit pintes d'eau, mesure de Paris, quatre livres de cette écorce en poudre jusqu'à réduction d'une moitié après être passée, et après l'avoir épaissie, au moyen d'une dissolution d'environ trois livres de gomme d'Arabie ou Sénégal, la mêler avec la composition suivante qu'on aura toute prête; prenez six onces d'esprit de sel marin, et sept onces et demie d'eau-forte double; mêlez-les ensemble dans une demi-pinte ou environ d'eau, dans une bouteille de verre débouchée; jettez-y, à quatre ou cinq fois différentes, quatre onces d'étain très-fin, en observant de ne verser une partie qu'après que l'autre aura été entièrement dissoute; lorsque le tout sera dissous, vous pourrez ajouter environ une once de sel de Saturne, et après qu'il aura été bien fondu vous mêlerez le tout avec la décoction ci-dessus; ce mélange imprimé ou peint sur du fil ou du coton, et séché convenablement, donnera un beau jaune très-vif, qui résistera parfaitement à l'action du jus de citron et du savon avec l'eau même en ébullition, et bien plus long-temps que tous les jaunes obtenus jusqu'à présent par les autres moyens.

Si vous voulez avoir un olive substantiel, foncé, bien solide, vous jetterez dans une bouteille de verre débouchée huit onces d'eau-forte double, délayées dans une égale quantité d'eau, sur douze onces de couperose ou de vitriol vert; après la dis-solution vous ajouterez environ deux onces de chaux; et lorsque le tout sera dissous, vous le mêlerez dans quatre pintes de décoction d'écorce de *quercitron* préparée et gommée (comme nous l'avons prescrit pour le jaune); ce mélange im-primé ou peint, et convenablement séché, vous donnera un olive très-durable, ou un brun olive à l'épreuve des acides et du savon; et en mêlant ensemble différentes proportions de cette dernière composition et du jaune substantiel, il en résul-tera pour l'impression ou pour la teinture une très-grande variété de jaunes verdâtres, très-so-lides, de vert d'olive, de merde-d'oie, et d'autres nuances intermédiaires.

Deux onces de bismuth, et une once d'étain le plus fin, jetées à différentes fois et en petites parties sur douze onces d'eau-forte double, dé-layées dans douze onces d'eau; après la dissolution

tion peuvent être mêlées avec quatre pintes, mesure de Paris, de décoction de l'écorce de *quercitron*, préparée et gommée comme nous l'avons dit ci-dessus ; ce mélange imprimé ou pinceauté à l'ordinaire donnera une couleur cannelle durable et solide. En ajoutant quatre pintes de la même décoction d'écorce, six onces d'esprit de sel marin, et six onces d'eau-forte double, bien mêlées ensemble, dans lesquelles on aura fait dissoudre autant de zinc et de régule d'antimoine qu'il pourra y en entrer, on peut avoir d'autres nuances de brun solide et durable.

Les entrepreneurs des manufactures de velours de coton, draps de coton, velverette, etc., les teinturiers en velours et autres étoffes de coton, toiles, peuvent employer cette écorce avec les mordants qui ont été indiqués pour l'impression ; ou bien l'on peut s'en servir de la même manière et avec les mêmes mordants qu'on met en usage pour teindre les jaunes, les verts, les olives, etc., quand on fait usage de gaude, ou du bois jaune, etc.

Plusieurs imprimeurs en toile, des plus considérables de l'Angleterre, après l'expérience qu'ils ont faite de l'utilité supérieure et du bon marché de cette écorce, ont déjà entièrement abandonné l'usage de la gaude et de toutes les autres drogues employées jusqu'à présent à la teinture du jaune et des autres couleurs qui en dérivent. Cet exemple sera sans doute suivi de tous ceux qui cherchent leur intérêt et leur commodité; car un quintal d'écorce de *quercitron*, qui ne coûte qu'environ quarante francs, produira le même effet que mille livres de gaude, dont le prix ordinaire est plus que le double; d'ailleurs cette écorce est infiniment plus commode à employer, plus aisée à transporter, et les frais de magasin sont infiniment moindres, puisqu'elle n'occupe pas la cinquantième partie d'espace qu'il faut à la gaude.

POUR LA SOIE.

Pour teindre cent livres de soie en jaune, il faut la préparer d'abord de la manière ordinaire, ensuite la mettre dans un vase de bois de grandeur proportionnée, contenant de deux cent quarante à deux cent quatre-vingt pintes d'eau, mesure de Paris, dans laquelle on aura dissous trente livres environ d'alun. La soie, après avoir trempé dans cette eau, dix-huit ou vingt heures, doit en être retirée, bien rincée, et teinte de la manière accoutumée, dans un vaisseau ou vase proportionné, avec une quantité suffisante d'eau d'une chaleur modérée, avec environ douze livres d'écorce de *quercitron*, ou *yellow-oak* en poudre, mises en un sac fermé, et infusées dans ladite eau deux ou trois minutes seulement avant la soie ; laquelle, dans environ quinze minutes, prendra une belle couleur brillante de citron ; cette couleur peut être portée jusqu'aux plus hautes nuances, si on le désire, en ajoutant et mêlant avec la liqueur une ou deux, même jusqu'à trois livres de soude, qu'on ne doit cependant mettre dans l'eau qu'après que la soie s'est suffisamment imbibée de la couleur de l'écorce. Si on veut une couleur orange, on se la procurera, en y ajoutant, *en même temps que la soude*, une quantité proportionnée de roucou, et continuant l'opération jusqu'à ce que la couleur soit assez foncée.

Dans le cas où l'on voudroit des nuances pâles ou jaune de paille, on les obtiendra en employant moins d'alun et d'écorce de *quercitron*, ou *yellow-oak*, en supprimant la soude et roucou. On se procurera aussi les différentes nuances de buffle, en employant cette écorce au lieu de la gaude comme à l'ordinaire, en observant qu'il suffit d'une livre de l'écorce pour faire le même effet que dix livres de gaude.

Si on veut les jaunes les plus vifs et les plus brillans possibles, au lieu du mordant d'alun, il faut se servir de la dissolution d'étain, dans l'eau régale, composée de deux ou trois parties d'esprit de sel marin, pour une d'eau-forte double ; cette dissolution, mêlée avec vingt fois autant d'eau; on y trempera la soie, comme il a été indiqué pour le mordant d'alun, et l'ayant retirée, on peut la teindre comme à l'ordinaire, mais sans l'avoir préalablement rincée, le restant du mordant pourra servir encore.

La soie teinte en nuances jaunes convenables par l'usage de l'écorce de quercitron, recevra tous les verts différens par les mêmes moyens qu'on emploîroit, si elle avoit été teinte avec la gaude.

Si on dissout quinze livres d'alun, et huit livres de vitriol vert ou couperose, dans deux cent quarante ou deux cent quatre-vingt pintes d'eau, mesure de Paris, et qu'on y laisse tremper cent livres de soie, pendant dix-huit ou vingt heures, qu'on les lave et teigne de la manière ordinaire, avec environ douze livres d'écorce de *quercitron* en poudre, liée dans un sac, on obtiendra un vert olive solide. Si on emploie plus d'alun et moins de couperose, la couleur tirera plus sur le jaune. Si on fait usage, au contraire, de plus de couperose et moins d'alun, la nuance tiendra plus de l'olive; si l'on supprime tout-à-fait l'alun, on aura une couleur foncée d'olive obscur.

POUR LA LAINE.

Pour teindre cinq cents livres de laine ou d'é-

toffe de laine du plus beau et plus solide jaune,
on peut dissoudre sept ou huit livres d'étain en
larmes, très-fin, dans un mélange d'environ douze
livres d'eau forte simple, avec vingt livres d'esprit
de sel marin, et deux tiers de cette dissolution,
seront mis dans une chaudière d'étain, avec une
quantité ordinaire d'eau chaude, à laquelle on
ajoutera environ huit livres d'alun, et soixante
livres d'écorce de *quercitron* ou *yellow-oak* écrasée
ou pulvérisée, et liée dans un sac de grosse toile
blanche, claire. Quand la liqueur commence à
bouillir, il faudra y passer les pièces d'étoffes et
les teindre de la manière accoutumée plus ou
moins long-temps, suivant que le jaune qu'on
veut obtenir doit être ou pâle (1) ou foncé. Quand
on a teint environ cent livres de laine ou d'étoffe
de laine, il faut ajouter à la liqueur la moitié
du restant de la dissolution d'étain, avec environ
deux livres d'alun, et après qu'on aura teint une
seconde quantité de cent livres, il faudra jeter
dans la chaudière le reste de la dissolution d'é-
tain, avec deux nouvelles livres d'alun, et teindre les trois cents livres restant, de la même manière. Quand on veut teindre une plus grande

---

(1) Pour teindre les nuances pâles, il y auroit peut-être de
l'avantage à mettre dans la cuve les étoffes plutôt après qu'a-
vant celles destinées aux nuances foncées.

quantité de laine ou d'étoffe de laine, il faut mettre dans la chaudière une nouvelle quantité proportionnée d'écorce de *quercitron* ou *yellow-oak*, et de dissolution d'étain très-fin et d'alun, et continuer l'opération comme on l'a commencée ; mais avec cette différence qu'on peut diminuer d'environ un quart la dissolution d'étain pour les dernières cinq cents livres de laine ou d'étoffe de laine.

De cette manière on se procurera toutes les nuances de la couleur jaune, depuis le citron le plus pâle, jusqu'à l'orange ou l'or le plus foncé, avec beaucoup plus de perfection, bien plus de célérité, et moins de dépense, que par l'emploi de la gaude ou du bois de fustet ou aucun autre ingrédient ; avec cet avantage même, que le jaune résultant de l'écorce de *quercitron*, indépendamment de la supériorité de son éclat, est infiniment plus solide que celui qu'on tire du bois de fustet, qu'il résiste au jus de citron, vinaigre, etc. ce que ne fait pas le jaune obtenu par la gaude.

C'est le moment de dire que les manufacturiers qui en ont fait usage, ont été surpris du brillant de leurs couleurs infiniment supérieur à ce qu'ils s'étoient promis.

Si on désire un jaune tirant un peu sur la *couleur verte*, comme celui de la gaude, on peut se le procurer au degré qu'on désirera, en ajoutant quelques cuillerées de dissolution *ordinaire d'indigo*, dans l'acide vitriolique ; et en augmentant la quantité de cette préparation d'indigo, toutes nuances possibles des différens *verts* seront aisément tirées et avec grand avantage *de la même cuve*, ayant attention de commencer par les plus *légères*, et de finir par les plus *foncées*.

Si au lieu de vert, on veut se procurer les différentes nuances d'orange, on les obtiendra de la même manière, en ajoutant à la cuve jaune ci-dessus citée, une quantité proportionnée de garance, au lieu de la dissolution d'indigo.

La dissolution d'étain très-pur, par l'eau forte telle qu'on l'emploie ordinairement pour teindre l'écarlate, employée de la même manière, mais en plus grande quantité, avec l'écorce de *quercitron*, produira à peu près les mêmes effets que la dissolution d'étain ci-dessus prescrite ; mais comme l'acide marin ou l'esprit de sel marin, bien qu'il ait à peu près le double de force de l'eau-forte simple, coûte beaucoup moins cher, on trouvera beaucoup d'économie à faire usage à grande dose de l'acide marin, comme il a été ci-devant indiqué (1). Comme les jaunes ci-dessus cités sont

____

(1) Dans le cas où il seroit trop difficile de se procurer l'acide

tous obtenus ainsi que les autres couleurs , sans
le procédé ennuyeux de faire premièrement bouillir
les draps avec le mordant d'alun, de tartre, etc.
ainsi qu'il est nécessaire pour ceux qu'on tire de la
gaude, etc. l'économie du temps et du chauffage qui
devient de jour en jour plus dispendieux , jointe à
la modicité du prix de l'écorce du *quercitron*, ren-
dront les couleurs qu'on en tirera par les moyens
ci-dessus indiqués , considérablement moins chè-
res , beaucoup plus belles , et d'un meilleur
teint que celles qu'on obtient par les autres procédés. Les chaudières d'étain sont préférables
pour la teinture de ces couleurs ; on peut néanmoins au besoin faire usage de vases de cuivre.

Pour avoir l'écarlate, on peut avec avantage
faire usage de l'écorce du *quercitron* au lieu du bois
de fustet, employée avec la dissolution ordinaire
d'étain très-fin et absolument de la même manière , faisant seulement usage du quart du poids
dont on feroit emploi en bois de fustet; l'écarlate
qu'on obtiendra par la teinture de l'écorce du *quercitron* sera non seulement beaucoup plus belle,
mais encore plus solide, attendu que la couleur

---

marin , ou l'esprit de sel marin, on fera usage de la dissolution
d'étain , telle qu'on l'emploie ordinairement pour l'écarlate ,
mais à double dose environ ; et l'on obtiendra les mêmes effets
qu'avec la dissolution mentionnée ci-dessus.

qu'elle donne ne passe pas comme celle qui résulte du bois de fustet.

Les couleurs buffle, olive, merde-d'oie, et généralement toutes celles qu'on tire ordinairement de la gaude, ou du bois jaune, peuvent être teintes plus commodément, et à meilleur marché, par l'usage de l'écorce du *quercitron*, en employant les procédés en usage pour ces couleurs.

POUR LE PAPIER.

Pour produire un beau jaune, on fera bouillir pendant une heure, dans une quantité d'eau proportionnée, une décoction de l'écorce du *quercitron*, avec l'attention de l'écumer, et ensuite de la couler. On y fera dissoudre une quantité d'alun, d'environ la moitié du poids qu'on aura employé de l'écorce pour faire la décoction. Après avoir épaissi ce mélange, on l'appliquera comme de coutume quand on voudra un jaune transparent. Lorsqu'on désirera un jaune plus opaque, on ajoutera à ladite décoction la quantité ordinaire de craie ou blanc d'Espagne. Si l'on fait usage de couperose ou vitriol vert au lieu d'alun, on produira les diverses couleurs d'olive. Les autres combinaisons de jaune se font de la manière dont on procède avec les ingrédiens dont l'usage est déjà connu.

CHAPITRE III.
DE LA COULEUR BLEUE.

§. XLI.

TEINTURE DU LIN ET DU COTON EN BLEU AVEC L'INDIGO.

(*a*) ON met bouillir six gros de potasse, avec trois gros de chaux vive, dans une *quarte* d'eau (1), jusqu'à ce qu'il s'en évapore un tiers; on laisse reposer, et on décante : on verse de nouveau, sur le résidu, une *demi-quarte d'eau* : on la fait bouillir jusqu'à ce qu'il s'en évapore un tiers; on la laisse déposer, et on décante.

(*b*) Dans cette *quarte* de lessive, on ajoute un gros d'indigo en poudre fine, afin qu'elle s'y mêle bien, et deux gros d'orpiment pulvérisé; on continue de faire bouillir jusqu'à ce que la liqueur devienne verte et l'écume bleue, avec une petite pellicule de couleur de cuivre.

______

(1) Le texte est *quarter*, que l'Allemand rend par *quartier*. C'est un peu plus de *deux poissons*.

(*c*) Le lin et le coton que l'on a eu soin de décruer et de tremper auparavant dans l'eau prennent dans cette cuve un bleu dont la solidite égale la beauté.

1. L'Auteur omet entièrement la teinture en laine, parce qu'on ne peut l'exécuter facilement en petit. M. Hellot a cependant décrit la manière de préparer une cuve de bleu avec l'indigo et le *pastel* (1).

L'indigo est la fécule de l'anil, *indigofera*, (c'est l'*indigofera tinctoria* de Linné) qu'on coupe à quelques pouces de terre avant que les fleurs poussent, et qu'on met avec de l'eau dans une cuve, pour qu'elle fermente : par ce moyen on fait séparer les particules bleues qu'on verse dans une autre cuve avec de l'eau, et à force de les y agiter, elles prennent de la consistance en se déposant. On reçoit autant de cette fécule des Indes orientales que de l'Amérique. Le meilleur indigo est celui qui nage sur l'eau. Il est d'un bleu obscur, et tire sur la couleur cuivrée lorsqu'on le casse ou qu'on le gratte avec l'ongle.

____

(1) Pour suppléer à l'omission de l'Auteur, on donnera à la fin de cet Ouvrage la manière de préparer une cuve de bleu à *chaud* pour teindre la laine et la soie, ainsi que les matières végétales.

Il n'y a pas long-temps qu'on a appris à obtenir de l'indigo une couleur plus brillante en le
dissolvant par l'acide sulfurique. Ce procédé porte
le nom de *bleu de Saxe*, parce que c'est à Grossen-
hayn en Saxe qu'il fut découvert ; mais cet avantage
est accompagné d'un grand inconvénient qui est
que, malgré la solidité naturelle de l'indigo, il se
décompose entièrement. M. Poerner a cependant
donné nouvellement une méthode d'appliquer fortement cette couleur à la laine. On met une partie
d'indigo en poudre fine ; on y verse huit parties
d'acide vitriolique très-concentré, qu'on laisse en
digestion à une chaleur de 24 à 30 degrés, pendant vingt-quatre heures, et on y ajoute peu à peu
quatre-vingt-seize parties d'eau, en l'agitant en
même temps, afin que l'indigo se trouve parfaitement dissous lorsqu'on y en met la dernière
quantité. Quand on veut faire usage du bleu, on
le mêle avec de l'eau bouillante, en prenant deux
parties de la dissolution, et vingt-quatre d'eau·
Une partie de la laine sort d'un bleu qui approche
du noir. Ce bleu est inaltérable à l'air, quoiqu'on
n'ait fait subir d'autre préparation à la laine, que
celle de la tremper parfaitement dans de l'eau.
Cependant on se sert à peine de cette couleur,
à cause de son obscurité. On la rendroit pourtant
un peu plus vive sans lui faire rien perdre de sa
solidité, si on tenoit, pendant vingt-quatre heures,

l'étoffe dans un bain chaud, auquel on auroit ajouté une partie de sel marin, sur deux de la dissolution, et vingt-quatre d'eau. La laine macérée avec l'alun prend un bleu obscur fin ; si ensuite on la trempe pendant quelques heures dans une dissolution froide de potasse, elle sort d'une couleur encore plus obscure, et également solide et belle. Cette même méthode a encore assez de succès sur la soie; mais la couleur n'est pas du tout solide sur les substances végétales.

On procure aussi un bon bleu à la laine et à la soie, macérées dans une dissolution d'alcali phlogistiqué, et mises après dans une autre de couperose martiale, avec excès d'acide, quoiqu'il faille un procédé particulier pour faire adhérer la couleur d'une manière uniforme. Le bleu de Prusse, spécialement celui qui a été préparé sans alun, peut même, étant trituré avec un peu d'acide vitriolique, pénétrer le coton, si on le trempe alternativement dans de l'eau et dans le liquide colorant ; mais on doit bien le laver à la fin, pour qu'il se dépouille de tout l'acide, sans quoi il le détruit complètement.

Pour teindre à froid le lin et le coton, il faut composer la cuve avec demi-once d'indigo en poudre pour chaque kanne d'eau, qu'on mêlera avec la dissolution d'une demi-once de vitriol vert, et une ouce de chaux nouvellement cuite. Ces substances se combinent promptement. Dès que le bain devient vert, et qu'il se forme une pellicule de couleur de cuivre et une écume bleue, on peut teindre sur cette cuve. On trempe bien le coton dans de l'eau bouillante; on l'exprime; on le trempe dans la cuve; on le tord; on le fait déverdir, et on l'y replonge en continuant de la même manière, jusqu'à ce qu'on ait la couleur que l'on demande. On rendra un peu acide (avec l'acide vitriolique) la dernière eau dans laquelle on le lave.

Je me suis bien trouvé du procédé de l'Auteur, pour teindre le lin et les autres matières végétales; mais il ne vaut rien pour la laine qui se trouve corrodée par les lessives âcres.

Si l'on veut préparer en grand une cuve de pastel et d'indigo, il faut procéder avec ordre pour le premier essai. On arrache les feuilles du pastel (*isatis tinctoria*) : on les pile : on les pétrit en forme de boule : on les laisse sécher jusqu'à ce qu'elles deviennent dures; alors on les broie; on les mouille; on les met en un monceau afin qu'elles fermentent; et lorsque le mouvement intérieur cesse, on les étend encore, on les remouille; on les entasse, jusqu'à ce que la fermentation soit complète. A ce terme on les fait sécher; alors on peut les employer à la cuve. Les François nomment cette plante *guède* ou *pastel* : elle donne, avec l'eau seule, un brun jaune, et on en extrait aussi le bleu par le moyen d'un alcali et de la fermentation. Quand on travaille en grand, on prend ordinairement pour dix-huit *tonnens* (1) d'eau, seize liespfunds (2) de pastel ou d'indigo, de la potasse, du son, et de la garance, de chacun huit livres ; lesquels donnent, en vingt - quatre heures, si on procède bien, justement une cuve dont on peut se servir. Mais si, au lieu de soutenir la fermentation avec prudence, on va à la hâte, on perd souvent tout, le bleu se détruisant à l'instant.

Le bois de Campêche, que les François appellent bois d'Inde (*hæmatoxylum brasilianum*), donne à l'eau et à la laine, par le moyen de l'ébullition, un rouge brun. Le coton, sans autre addition, devient d'un brun obscur tirant au violet ; et si on ajoute la plus petite quantité de dissolution d'acétite de cuivre, il prend un bleu obscur. Le débouilli avec le savon change un peu ces couleurs, sans qu'elles se perdent entièrement. On peut encore teindre la laine en bleu, en y ajoutant un peu de vitriol de cuivre. Ce procédé est presque le seul qu'on mette

---

(1) Chaque *tonnen* tient soixante kannes.

(2) Le *liespfund* pèse 20 livres de Suède.

en usage pour former la base du noir faux, et des différentes nuances de gris et de pourpre, que le soleil fait toutes disparoître. Il y auroit probablement moyen d'assurer cette couleur, ainsi que M. de la Folie l'a imaginé, avec des sels à base métallique. Le muriate d'étain, joint au sulfate de cuivre et au tartre, donne un mordant à l'aide duquel on obtient de la décoction de bois d'Inde une couleur extrêmement agréable.

Le bleu a, comme toutes les autres couleurs, différentes nuances, dont nous ne distinguons que quelques unes par leur dénomination particulière, comme le bleu turquin, l'obscur, le demi-bleu, le clair, et le céleste. Les François en ont désigné un plus grand nombre ; bleu blanc, bleu naissant, bleu pâle, bleu mourant, bleu mignon, bleu céleste, bleu de reine, bleu turquin, bleu de roi, bleu de guède, bleu pers, bleu aldego, et bleu d'enfer.

2. Le mélange du jaune et du bleu produit le vert, c'est pourquoi on teint communément une étoffe en deux fois pour avoir cette couleur, quoiqu'il faille une adresse singulière pour l'obtenir uniforme et sans taches. On peut aussi, par une seule opération, teindre en vert des substances qui sont du règne végétal, avec le bois bleu et le jaune ; mais la couleur sera fausse. Différentes plantes, comme la coquiole noire (*bromus seca-*
linus)

linus); les baies vertes de la Bourgène (*rhamnus frangula*), et le cerfeuil sauvage (*chœrophyllum sylvestre*); le trèfle de pré (*trifolium pratense*); le roseau (*arundo phragmites*, etc. , donnent aussi des couleurs vertes; mais elles se déteignent ordinairement, lorsqu'on les expose au soleil ou qu'on les lave (1).

---

(1) La plante que les Cochinchinois cultivent et nomment *tsai*, donne un vert d'émeraude solide et propre à la teinture, en la préparant comme l'indigo. (*Sage* , *Analyse chimique*).

7

CHAPITRE IV.
DE LA COULEUR NOIRE.

§. XLII.

DE la combinaison du bleu, du jaune et du rouge, en proportion convenable, résulte le noir (§. II); mais on peut l'obtenir avec la couperose martiale, *sulfate de fer*, et une matière astringente.

Le noir n'est pas réellement une couleur; car il ne consiste qu'en ce qu'il ne peut réfléchir les rayons de la lumière de quelque espèce qu'ils soient. Néanmoins les teinturiers admettent cinq couleurs primitives; le rouge, le jaune, le bleu, le noir, et le fauve, lesquelles peuvent former toutes celles qui existent dans la nature. L'Auteur, avec plus de raison, n'en admet que trois.

§. XLIII.

TEINTURE DE LA LAINE EN NOIR.

(*a*) Pour un noir parfait, il faut un fond

bleu ($.XLIV, g), ensuite on procède comme il suit : il faut faire bouillir pendant deux heures cent livres de drap teint en bleu céleste avec huit livres de tartre et seize de couperose verte, avec la précaution de ne pas mettre celle-ci que l'eau ne soit bouillante ; mais on y met le tartre auparavant, et après celui-ci, l'étoffe qu'on veut teindre. La raison de ce procédé est que le tartre doit s'opposer à la précipitation de l'ocre martiale, et que, si les deux sels s'unissoient ensemble, le premier dissoudroit le vitriol, et l'action du tartre n'auroit pas lieu à temps.

1. La matière astringente, et le vitriol vert, ou toute autre dissolution de fer, produisent une couleur brune sur le fond blanc, lorsqu'on ne change pas le procédé accoutumé ($.XLIV, g); mais ils forment le noir sur le bleu. Il semble que le noir n'est qu'un bleu obscur, et le bleu un noir clair ; car le noir devient d'autant meilleur, que le bleu est plus foncé.

(*b*) Enfin, on lave le drap jusqu'à ce que l'eau ne contracte aucun goût de fer, et on le fait bouillir pendant deux heures dans un bain qui, par une longue ébullition, ait ex-

trait le jus de la busserole (*arbutus uva ursi*):
on a par ce moyen un beau noir.

1. Ordinairement après avoir lavé l'étoffe teinte
en bleu, on la fait bouillir dans un bain de noix de
galle, en l'en tirant plusieurs fois et en la tordant.
On peut substituer à la noix de galle, la busserole, avec un plus grand avantage et moins de
frais. Quoique la couleur du bois d'Inde soit
fausse, on s'en sert pour embellir le noir, et lui
donner plus de perfection. En donnant à cent livres
de laine bleue le premier bain, avec huit livres
de tartre, seize de vitriol vert, deux de vert-de-
gris, et dix de bois d'Inde, et en achevant de les
faire bouillir avec la busserole, il résulte un noir
excellent. On croit que le vitriol rend la laine
cassante, principalement dans le temps de l'ébullition; mais il y a peu à craindre, en suivant la
règle prescrite. Une forte chaleur lui ôte son phlogistique; ce qui fait déposer une portion d'ocre;
mais le tartre empêchera ce mauvais effet. Il faut
éviter le vitriol avec excès d'acide, parce qu'il
affoiblit la couleur (§. XLIV).

3. Le vert-de-gris, avec le bois d'Inde, forme
à l'instant le noir, si on n'emploie pas beaucoup
d'eau; mais si on en met une grande quantité, la
couleur tire au bleu.

En appliquant sur un fond blanc les mêmes

substances, avec lesquelles on teint le noir, en moindre quantité, ou en tenant la laine moins de temps dans le bain, il résulte le gris qui vient très-beau. Quand l'ébullition a été faite avec la noix de galle, et le dernier bain avec le vitriol, cela réussit mieux, pourvu que la chaleur n'ait pas été trop forte.

(*c*) On a encore un bon noir avec un fond bleu clair.

§. X L I V.

Les matières astringentes précipitent en noir plus ou moins foncé le vitriol vert, *sulfate de fer*, ainsi que les autres dissolutions de ce métal, suivant leurs proportions et les autres circonstances.

(*a*) En donnant à la laine un bouillon pendant deux heures avec un quart d'alun, en la lavant et la faisant bouillir de nouveau autant de temps avec un quart de noix de galle, elle prend un brun clair jaunâtre.

(*b*) Qu'on la (*a*) mette en macération demi-heure, dans une dissolution de demi-once de vitriol vert par livre, et qu'on la fasse bouillir après, elle acquerra un brun obscur tirant un peu sur le vert.

(*c*) Qu'on la remette encore dans le même bain avec une autre demi-once de vitriol par livre, elle deviendra encore plus obscure après quelques bouillons.

(*d*) Qu'on la tienne encore une heure dans ce même bain, avec une once de vitriol par livre, elle sortira toujours plus foncée.

(*e*) Si on fait bouillir la laine pendant deux heures, avec un quart de couperose verte, pour, après l'avoir lavée, la faire encore bouillir pendant un espace de temps égal avec un quart de noix de galle, elle sortira presque entièrement noire.

(*f*) Qu'on substitue la busserole à la noix de galle, la couleur sera la même, mais tirant un peu sur le violet.

(*g*) Si cent livres de laine bouillent pendant deux heures avec huit livres de tartre, seize de couperose verte; si on la lave, et si on fait bouillir de nouveau cette laine autant de temps encore avec la busserolle, elle deviendra d'un noir à peu près égal.

La matière astringente qui se trouve dans une foule de végétaux est une substance particulière, que l'on nomme *acide gallique* : elle est soluble à l'eau et à l'esprit-de-vin , et précipite tous les sels métalliques qui n'ont pas d'excès d'acide, en s'unissant avec le métal, et en le colorant souvent différemment. Par elle le fer , dans quelque acide qu'il soit dissous, est toujours précipité en noir ; et si on l'empêche de se déposer, en donnant à la dissolution la viscosité nécessaire, avec quelque gomme , il en résulte ce que nous appelons l'encre, dont la meilleure préparation , selon M. Lewis , consiste à faire bouillir trois onces de noix de galle et une once de bois d'Inde en poudre, avec six poissons d'eau , jusqu'à ce que tout soit réduit à une chopine. On laisse refroidir, on filtre dans le vaisseau où elle doit être gardée ; on y ajoute une once de vitriol vert, et demi-once ou un peu plus de gomme. Ce noir, avantageux pour le papier , ne prend pas bien sur les autres substances.

Si on met dans l'encre un acide plus fort , à l'instant elle perd sa couleur ; elle la recouvre, si on sature l'acide avec un alkali : de là on peut juger quel dommage cause un vitriol, ou toute autre dissolution de fer avec excès d'acide.

§. X L V.

Le vitriol bleu, *sulfate de cuivre*, produit

d'autres variétés avec les substances astringentes.

(*a*) Que l'on fasse bouillir la laine pendant
deux heures avec un quart de vitriol bleu;
qu'on la lave; qu'elle bouille encore pendant
vingt minutes, avec un quart de noix de
galle , le brun jaune qu'elle acquerra sera
plus obscur qu'en (§. XLIV, *a*).

(*b*) En donnant à cent livres de laine un
bouillon de deux heures, avec seize livres
de vitriol bleu, et neuf de vitriol vert; en
lavant cette laine pour la faire bouillir de
nouveau pendant trois quarts d'heure avec un
quart de noix de galle, il en résulte un brun
jaune encore plus obscur.

(*c*) En substituant (*b*) la busserolle à la noix
de galle , la couleur sera plus belle , tirant
plus au châtain.

§. XLVI.

TEINTURE DE LA SOIE EN NOIR.

(*a*) On commence par la faire bouillir pendant deux heures avec trois quarts de noix de
galle, ou avec deux parties d'écorce de chêne,

et une partie de busserolle ; on la met après dans un bain préparé, avec deux onces de gomme arabique, et quatre de vitriol vert par livre : si pendant l'ébullition, qui doit durer deux heures, on a soin d'en retirer la soie à cinq ou six reprises, pour ne la replonger dans la teinture, que lorsqu'elle sera refroidie, elle deviendra noire. Cependant il vaut mieux se servir de la cuve du noir.

(*b*) On la prépare de la manière suivante :

On remplit d'eau une chaudière, avec autant d'écorces de chêne broyées qu'elle en peut contenir ; après deux heures d'ébullition on transvase ce bain dans une chaudière : on a eu soin pendant la cuisson de l'écorce de remplacer par de nouvelle eau celle qui s'est évaporée.

On y jette ensuite une once de gomme arabique pour chaque kanne de bouillon : sitôt qu'il est refroidi complètement, on y ajoute six gros de vitriol vert, avec une once de petits morceaux de fer : on le remue chaque jour, jusqu'à ce que le vitriol soit saturé. De cette manière on a une meilleure teinture qu'avec soixante-neuf ingrédiens.

1. En France on suit un procédé embarrassant, et on y fait beaucoup d'additions inutiles, comme on peut le voir dans la description de M. Macquer. On peut, pour teindre la soie en noir, lui donner un pied de bleu, comme on en use pour la laine, mais on n'est pas dans cet usage. Voici la manière dont on procède à Gênes et à Tours : on trempe la soie dans un bouillon préparé, avec un tiers et même moitié de noix de galle, de la quantité de matière à teindre, et on la noircit dans un bain composé avec la décoction décantée de vingt parties de noix de galle, trois onces et demie de couperose verte, douze de limaille de fer, et vingt de gomme, (pour cent de soie) et qu'on laisse reposer six ou sept jours au moins. Pour faire usage de cette teinture, on la chauffe seulement autant que la main peut la souffrir ; on y met la soie macérée avec la noix de galle, et on la retire environ dix minutes après, pour l'exposer à l'air libre ; ce qu'on répète communément jusqu'à trente fois, en ajoutant à la liqueur un peu de vitriol et de limaille de fer, jusqu'à ce qu'elle prenne la couleur qu'on désire. La quantité de vitriol qu'on ajoute peu à peu excède à peu près huit fois celle qu'on a mise en premier lieu.

2. Le coton et le lin ne pouvant, par ce moyen, prendre un noir solide, exigent un procédé particulier. En les travaillant d'une manière conve-

nable , avec des substances animales , on facilite cette opération ; en les teignant ensuite de la couleur de rouille (§. XXXIX), et en les faisant enfin bouillir avec une matière astringente, la couleur sort aussi belle que solide (1).

Pour teindre en noir le lin que l'on n'a pas l'intention de lessiver , on peut le tremper dans une dissolution d'un gros de vert-de-gris par livre, dans trois kannes d'eau bouillante ; on retourne bien le lin au commencement, on le laisse dans la liqueur toute la nuit, et on achève la teinture avec six onces de bois d'Inde, qui aura bouilli une heure dans quatre kannes d'eau ; on décante le bain, et on y retourne le lin; on l'y laisse toute la nuit, et enfin on le met sécher à l'ombre.

Si on répète cette opération, il ne se décolore point, il soutient même quelques lavages; mais il baisse seulement peu à peu vers le bleu, en proportion du nombre des lavages. L'effet que produit le vert-de-gris est étonnant; car on n'en prend ici qu'un cent vingt-huitième du poids de la matière à teindre : cependant la matière noircit aussitôt qu'on la met dans la teinture du bois bleu.

____

(1) Le noir que l'on obtient par ce procédé n'est ni aussi beau ni aussi solide que celui dont on trouvera la description à la fin de cet Ouvrage.

Le suc de différens végétaux devient noir à l'air libre, et singulièrement celui des noix d'acajou (*anacardium*). Le lin teint avec ce suc est d'abord d'une couleur brune : elle se change en un noir parfait, qui ne peut être détruit ni par le savon, ni par la lessive ; c'est pour cela que ce fruit est connu dans toute l'Inde, sous la dénomination de *nuès de marcar* (*noix à marquer*), parce qu'avec elle on imprime aux toiles une marque ineffaçable. Le suc du marrhube aquatique (*lycopus europæus*), donue au lin une couleur obscure, qui se fonce encore plus par les alcalis : elle jaunit par les acides ; mais elle se détruit facilement par le débouilli avec le savon. Les baies de l'herbe de Saint-Christophe (*actœa spicata*) donnent un violet qui mérite un examen particulier.

3. Suivant le plan de l'Auteur, c'étoit ici l'instant de traiter des couleurs de mode dans l'ordre qui leur convient ; j'entends, par couleurs de mode, celles qui ont eu depuis quelque temps une acception particulière. Mais je n'ai pas trouvé la moindre instruction dans les papiers qui m'ont été communiqués. Les draps de couleurs mélangées se font en cardant et en filant ensemble deux, trois, ou quatre sortes de laines de diverses couleurs : ces nuances peuvent donc varier à l'infini.

On se procure des nuances dont les noms sont

déterminés en combinant plusieurs couleurs ensemble. En teignant le rouge sur un fond bleu ,
il résulte la couleur de roi, de prince , pensée ,
minime, violette, pourpre, rose sèche , etc.; le
bleu et le cramoisi forment celles de pourpre,
colombin , pensée, violette, amarante, etc.; du
bleu et du jaune résultent le vert de vessie, vert
naissant, vert gai, vert d'herbe, vert de laurier,
vert foncé, vert de. mer , vert de céladon, vert
de chou , vert de perroquet, etc.; du bleu et du
musc, le gris verdâtre, ou de couleur d'olive ;
du bleu et du noir, le gris de more; du rouge
et du jaune , la couleur de souci , d'aurore ,
d'orange, d'or, de langouste, des fleurs de grenade,
dont les deux dernières exigent un fond d'écarlate ;
du rouge et du musc, se forment les couleurs de cannelle, de tabac, de châtaigne, du poil d'ours, etc.;
du rouge et du noir , l'écarlate brune , le cramoisi
brun et le gris vineux de différentes espèces, suivant la nature du brun; du jaune et du musc,
les couleurs de feuille morte, le poil d'ours, etc.;
du jaune et du noir, le mordoré; du musc et du
noir , le café, marron , pruneau , épine ; du bleu,
du musc et un peu de rouge, le gris ardoise ;
le gris lavandé; du bleu, du rouge et du noir,
le gris de sauge, de ramier, d'ardoise, de plomb;
du bleu, du jaune et du musc, le vert merde-
d'oie, d'olive, etc. ; du rouge, du jaune et du

musc, la carnation des vieillards, cannelle brûlée, l'orangé, etc.; du jaune, du musc et du noir, le poil de bœuf, noisette brune, etc.

§. XLVII.

Dans la teinture en grand il faut apprécier différentes circonstances auxquelles on ne fait pas attention dans les essais.

(*a*) Pour teindre dans les grandes chaudières, il est absolument nécessaire de savoir régler la quantité des ingrédiens, sur la capacité des chaudières. Supposons qu'on veuille teindre trente livres d'une étoffe, et qu'on n'ait sous la main qu'une chaudière de capacité à en admettre cinquante, on doit savoir de combien il faut augmenter ou multiplier l'un par l'autre ce qu'on veut teindre, et ce qui doit être teint, ($30 \times 50 = 1500$); on extrait la racine carrée du produit, et il reste de ce qu'on devroit teindre ($50 - 38 = 12$); on ajoute le restant à ce qu'on veut teindre ($40 + 12 = 42$), et on a le nombre auquel on doit se régler. On peut encore trouver plus facilement, en additionnant ce qu'on veut teindre ($30 + 50 = 80$), et en divisant cette somme par 2 ($\frac{80}{2} = 40$).

(*b*) Si la laine filée qu'on veut teindre étoit grassé, on la feroit bouillir dans de l'eau de savon, on passeroit doucement les écheveaux entre les mains ; de peur de les mêler, on les laveroit avec soin, et on les feroit sécher.

1. On n'emploie guère la laine sans la teindre ; mais pour lui faire bien prendre la couleur, et pour que cette couleur soit plus belle, elle doit être très-nette, très-blanche, et sur-tout parfaitement dégraissée.

(*c*) Quand on veut remettre de l'eau pour suppléer celle qui s'est évaporée durant l'ébullition, on doit la verser par un côté du vase, et non perpendiculairement sur l'étoffe, de peur de la tacher.

2. Il y a beaucoup de différence entre teindre en grand et faire des essais en petit. Il faut être aussi instruit des théories, qu'habile dans la pratique, pour préparer une portion considérable d'étoffe, pour la colorer d'une manière uniforme et sans tache. Scheffer, comme un grand maître, ne se contentoit pas d'opérer dans son laboratoire, sur quelques aunes, il teignoit des pièces entières de drap, avec toute la perfection possible. Les manœuvres nécessaires pour cela ne peuvent s'apprendre bien par les seules descriptions sans les

exemples; pour savoir opérer avec justesse, il faut voir, *l'exemple fait l'ouvrier.*

§. XLVIII.

Les acides et les alcalis causent divers changemens dans les étoffes teintes.

(*a*) Les alcalis rendent l'écarlate bleuâtre; mais les acides mêlés avec de l'eau la rétablissent.

1. La connoissance de ces réactions offre un bon moyen pour prévenir les taches. C'est un avantage bien essentiel qu'une couleur ne s'altère pas par les acides foibles, comme le vinaigre, le citron, et le vin; alors elle peut résister aux injures du temps, et même quelquefois à l'urine.

(*b*) Le rose teint avec le carthame devient jaune avec les alcalis forts; bleuâtre avec les foibles; le jus de citron rétablit la couleur.

(*c*) La fausse écarlate de Fernambouc se change en bleu par les alcalis, et en jaune, avec l'acide de citron qui le détruit.

(*d*) Le bleu fin n'est altéré ni par les alcalis, ni par les acides, qui rougissent celui de faux teint.

2. Le rouge faux est la couleur propre du bois de Fernambouc, qui se développe par les acides.

(*e*)

(*e*) Le vert se convertit en bleu par les acides, et est rétabli par l'alcali volatil.

(*f*) Les alcalis n'altèrent point le noir fin : mais les acides le changent en bleu. Le faux devient rouge par les acides, et brun par les alcalis.

3. Comme l'acide dissout le fer uni avec la matière astringente, le fond reste découvert.

(*g*) Le brun rougit par les acides, et recouvre sa couleur par les alcalis; il lui reste cependant des taches jaunes.

(*h*) L'acide vitriolique mêlé avec double quantité d'eau obscurcit le gris fin, et rend rouge celui qui est faux.

L'acide nitreux détruit toutes les couleurs, de sorte qu'elles ne peuvent jamais se reproduire; mais l'*acide muriatique oxigéné*, que M. Berthollet a si avantageusement appliqué au blanchîment des matières végétales, a en outre la propriété de disposer l'étoffe à recevoir une couleur différente de celle qu'il avoit détruite.

4. Ceci ne doit s'entendre que des couleurs

végétales; car le bleu de Prusse résiste à leur action.

5. La meilleure manière d'éprouver si une couleur est solide ou non est d'exposer au soleil, pendant plusieurs semaines, l'étoffe qui a été teinte, et de la mouiller de temps en temps avec de l'eau. La couleur qui, après cela, se trouve sans altération, est réputée, avec raison, de bon teint. Mais, comme cela demande du temps, et qu'on ne peut le faire qu'au soleil, M. Dufay a imaginé un autre moyen praticable à l'instant, quoique seulement pour la laine. En effet, ce sont les couleurs de cette matière dont il importe le plus de s'assurer, parce qu'on est plus en usage de la teindre que les substances végétales que l'on ne sait pas teindre en toutes sortes de couleurs solides; car il y en a qui, loin de résister au soleil, ne supportent même pas le lavage avec le savon. La soie au contraire est, en quelque façon, un genre d'étoffe qui appartient au luxe, et qui d'ailleurs exige le plus grand lustre : on obtient presque toujours celui-ci avec les teintures fausses plus parfaitement qu'avec les fines, qui même ne peuvent produire certaines variétés; c'est pourquoi on ne fait pas toujours cet essai, et il n'est pas si nécessaire à certains égards.

Cela supposé, comme il y a peu de personnes

en état d'examiner par elles-mêmes la bonté d'une couleur, le gouvernement s'est chargé de ce soin dans plusieurs endroits, et a prescrit certains essais par le moyen desquels l'acheteur peut se tenir en garde contre les tromperies, particulièrement à l'égard des étoffes de laine.

Les épreuves que doit subir en France la laine teinte sont les suivantes qu'on nomme *débouilli*.

1°. On fait bouillir un gros de l'espèce d'étoffe qu'on veut éprouver, dans une livre d'eau, qui doit tenir en dissolution une demi-once d'alun de Rome, puis on la lave et on la fait sécher à l'ombre ; l'eau doit être froide, lorsqu'on y jette l'alun ; on attend qu'elle soit bouillante pour y mettre la laine : on soumet à cette épreuve le cramoisi, l'écarlate, le gris-de-lin, le violet, et le bleu, avec toutes ses variétés. Le cramoisi fin devient un peu bleu, et le faux, de couleur de chair, ou tout-à-fait blanc. La même chose arrive à l'écarlate. Quand on a teint en violet faux sur le bleu fin, celui-ci perd seulement le rouge, ou toute la couleur, lorsque l'étoffe n'a pas reçu un pied de bleu. Le gris-de-lin fin change un peu ; mais moins que le faux. Le bleu, le gris ardoise et le pourpre, étant des couleurs fines, ne s'altèrent point ; mais les fausses se détruisent en plus grande partie.

2°. On fait bouillir pendant cinq minutes un

gros d'étoffe qu'on veut éprouver, dans une livre d'eau, dans laquelle on aura dissous deux gros de savon. On soumet à cette expérience le jaune, le vert, le rouge de garance, et les bruns de cannelle et de tabac.

Le jaune teint avec les baies d'Avignon, le curcuma, le carthame ou le roucou, s'en va presque tout entier; mais il résiste, s'il a été teint avec la sarrette, le genêt, la gaude, le fenugrec, ou le bois jaune. Le vert faux perd toute sa couleur, et devient bleu; le rouge faux de la garance devient inférieur, à proportion du bois de Brésil qu'on a employé; mais le fin sort, après le débouilli, encore plus beau. Le brun fin de cannelle et de tabac ne s'altère en rien; mais celui qui est teint avec le bois de Brésil, le roucou, etc., change beaucoup.

L'épreuve de l'alun, dans ce cas-ci, est trompeuse, parce que, ne décomposant ni le bois de Brésil, ni le roucou, il extrait une portion de jaune de la sarrette et du genêt.

3°. On fait bouillir pendant cinq minutes un gros de l'espèce d'étoffe qu'on veut éprouver, dans une livre d'eau, dans laquelle on aura dissous demi-once de tartre : ainsi s'éprouvent les couleurs fauves, préparées avec le brou de noix, la racine du noyer, l'écorce de l'aune, le sumac,

le bois de santal, et la suie ; les deux derniers
rendent l'étoffe roide, et ne sont pas des meilleurs,
quand on les a employés avec excès ; on le connoît après le débouilli par une pâleur plus grande.

4°. On fait bouillir pendant un quart d'heure,
un gros d'étoffe dans une livre d'eau, qui doit
tenir en dissolution une once d'alun de Rome,
et une once de tartre rouge. Le noir fin se change
en bleu, et le faux en gris. Quand même la couleur se déteindroit un peu, il ne faudroit pas
pour cela présumer que la couleur fût fausse ;
car on se sert souvent, pour noicir, de la noix
de galle et du vitriol, qui s'en vont cependant
dans le débouilli ; mais le fond doit rester intact.
Le gris composé de vitriol et de noix de galle
est toujours fin ; car on n'a que cette manière de
le préparer.

6. L'art de teindre est encore bien éloigné de
sa perfection ; car ce n'est pas assez d'obtenir de
belles couleurs, il faut aussi qu'elles soient fines, et
qu'elles puissent s'appliquer sur toutes les espèces
d'étoffes. En 1748, Scheffer donna un Traité des
matières colorantes propres pour les manufactures
du royaume. Il assuroit qu'il avoit trouvé la manière de teindre la laine et la soie en jaune et
en noir fins, avec différentes substances de la
Suède : qu'un quintal de vouéde ou de pastel ne

donnoit pas plus de couleur que trois quarts de livre d'indigo, tandis qu'il coûtoit autant que sept ou huit livre de celui-ci, et que, par conséquent, il revenoit neuf ou dix fois plus cher : qu'il connoissoit quelques plantes indigènes qui, non seulement excitoient la fermentation de l'indigo plus promptement que le pastel et la garance, dont la dernière obscurcit un peu la couleur, mais s'opposoient encore à sa destruction : qu'il possédoit le moyen de rendre le rouge du carthame invariable au soleil, et que, des matières colorantes exotiques, il n'étoit besoin que de la cochenille, de la garance, du carthame et de l'indigo; et, pour les fabriques d'indiennes, d'un peu de bois d'Inde et des baies d'Avignon. Pour preuve de ce qu'il avoit avancé, il avoit teint en vert minéral fin une pièce de drap, et en rouge, beaucoup de fil de coton, pour en faire présent à ses amis. Mais la plupart de ces découvertes, et d'autres, sont encore aujourd'hui ignorées dans nos manufactures, faute d'avoir été publiées.

Pour connoître si un végétal contient une couleur avantageuse, on peut le faire bouillir avec l'étoffe dans une suffisante quantité d'eau; si, par ce moyen, on n'obtenoit aucune couleur sensible, il ne faudroit pas encore décider de son inutilité, sans l'éprouver de nouveau avec une petite portion d'alun, de sel marin, de sel ammoniac, de potasse, etc., lesquels développent souvent un principe colorant qui, sans ces réactifs, ne se manifesteroit pas. En réduisant à moitié, par le moyen de l'évaporation, la décoction d'une plante, en la filtrant et en y mêlant différens sels, on obtient, par les changemens qui se présentent à l'instant, une foule de connoissances sur ses propriétés.

Suivant M. Hellot, la solidité des couleurs fines consiste principalement en ce que les pores de la matière à teindre soient nettoyés et dilatés par le moyen de certains sels, de sorte que la matière colorante les pénètre bien et y reste (lorsqu'elle se refroidit) parfaitement fixée, non seulement par le resserrement des pores, mais encore par le dépôt qui doit s'y faire des sels préparatoires. Les sels les plus utiles pour cet effet sont l'alun et le tartre. L'alun, qui s'emploie dans la macération, étant décomposé par le principe colorant, dépose, dans les vides qu'il trouve, une terre blanche fine, avec laquelle s'unissent les parties colorées. Le tartre est également un sel qui se dissout avec difficulté, et se maintient parfaitement diaphane : ils ont tous les deux un excès d'acide avantageux pour la macération. C'est à cela que se réduit sa théorie, qui peut convenir dans certains cas. Mais, comme on ne peut expliquer par elle la solidité de plusieurs couleurs, on doit l'attribuer plutôt à la nature du principe colorant, ou à d'autres circonstances. Par exemple, le bois de Brésil, le curcuma, etc. , donnent, avec l'alun et le tartre, des couleurs destructibles; et quoiqu'il soit notoire que le lin ne consiste pas dans un tissu spongieux , comme les substances animales, on ne peut pas affirmer avec certitude si c'est de cela que dépend la difficulté de fixer les couleurs sur le lin.

Le blanc n'est pas proprement une couleur particulière, mais bien un mélange de toutes. Ainsi on appelle blanc le corps qui réfléchit tous les rayons. Il est rare qu'on emploie la laine en cet état, dans lequel elle doit toutefois être, lorsqu'on veut y appliquer des couleurs vives. Le coton, le lin, et la soie, acquièrent au contraire un grand prix par la blancheur qui a cinq variations dans la soie; ce sont les blancs de Chine, d'Inde , de lait, d'argent, et le bleuâtre.

7. Imprimer le coton et le lin est un art particulier, qui tient pour ainsi dire le milieu entre la peinture et la teinture. Ici on ne peut juger de la couleur imprimée avec la planche; car elle seroit bien différente de ce qu'elle devient après avoir été garancée , lavée , et blanchie. A l'exception du jaune et du bleu, presque toutes les autres substances qui s'emploient dans cet art sont

certains mordans qui, non seulement servent pour attirer avec force la teinture de la garance, mais aussi pour lui donner les différentes couleurs qu'on demande : ainsi le fer dissous, principalement dans les acides végétaux, et mêlé avec le vitriol bleu, ou le vert-de-gris, (*sulfate* ou *acétite de cuivre*), laisse un dépôt sur la toile, qui, dans la teinture de garance, devient violet : si on change de proportion, ou si on y ajoute de la cochenille et du kermès, etc., il peut subir beaucoup de variations. La dissolution de fer, dont il est question, mêlée à la noix de galle, ou à d'autres substances astringentes, noircit dans la même teinture.

Pour le rouge, on emploie la soude, l'alun, le borax, le sel marin, le nitre, le sel ammoniac, le sublimé corrosif, le précipité blanc, le vert-de-gris, le sucre de Saturne, l'arsenic blanc, le jaune, et le rouge, le foie de soufre et beaucoup d'autres substances dont je crois la plupart tout-à-fait inutiles. Le mordant contient une cou-leur fausse, qui s'en va ensuite, et qui indique seulement avec quelle uniformité se fait l'impression.

Pour le jaune, on prend communément les baies d'Avignon, cuites dans le vinaigre et mêlées avec le vitriol bleu, le roucou, et le curcuma. La cuve de bleu se compose de différentes manières. Lorsqu'on

garance la toile imprimée, la couleur s'attache de
tous côtés; mais les endroits qui n'ont pas été
imprégnés de mordant, la laissant échapper par
une manœuvre passagère et le lavage, restent
parfaitement blancs. On donne aux couleurs et
aux mordans la consistance nécessaire avec la
gomme ou l'amidon, qui servent non seulement
pour empêcher la liqueur colorante de s'attacher
aux parties qui doivent rester en blanc, mais
encore à donner de la fixité aux couleurs (1).

8. On ne peut aspirer à la perfection des couleurs pour la teinture qu'à l'aide de la chimie.
On prépare le carmin fin, en précipitant avec
l'alun de Rome la dissolution de cochenille dans
l'eau teinte d'avance d'un jaune solide.

On fait la laque de Florence, en faisant bouillir
la cochenille avec un alcali, en filtrant et y versant une dissolution d'alun, dont la terre se précipite avec la couleur, tandis que l'acide forme
avec l'alcali un sel que le lavage emporte. Suivant le procédé de Margraff, on a une belle laque
d'un rouge vif et solide, en extrayant parfaitement

---

(1) On croit faire plaisir aux lecteurs qui voudroient connoître
plus en détail la manière de fabriquer les toiles peintes, en
leur indiquant un Ouvrage qui a pour titre *l'Art de teindre
et imprimer les toiles*, qui se vend chez le même Libraire.

la couleur de la garance avec une dissolution d'alun, et en la précipitant par un alcali; par ce moyen, on pourroit former différentes laques de tous les sucs colorés, qui, pour cela, ne laisseroient pas d'être solides.

Le précieux outremer est une poudre fine de lapis lazuli, qui doit son éclat à une certaine préparation avec des matières grasses.

Le jaune de Naples se prépare au feu avec du plomb et de l'antimoine cru, ou plutôt avec la céruse, l'antimoine diaphorétique, le sel ammoniac, et l'alun.

Les couleurs qui sont destinées à la peinture doivent être transparentes; mais le pastel demande à être en poudre sèche, de laquelle l'art peut former de petits bâtons, médiocrement fermes. On peut, avec l'alun, tirer des teintures de plusieurs couleurs des différentes espèces de sucs végétaux; mais elles s'altèrent, pour la plupart, avec le temps. Le bleu de Prusse, trituré avec l'acide nitreux, et puis saturé par un alcali, acquiert un beau bleu. La camomille des teinturiers, bouillie avec la cochenille, produit un rouge aussi vif que le cinabre, le carmin, etc. réduits en poudre fine et mêlés avec l'eau gommée. Le vert-de-gris pur, avec le vinaigre distillé, donne un vert; les stigmates de l'iris violet (*iris ger-*

manica), mêlées avec l'alun et l'eau gommée, donnent la couleur appelée vert-de-lis, qu'on peut aussi bien préparer avec la campanule bleue : la gomme gutte donne un beau jaune.

La préparation des différens vernis est un art particulier qui exige, outre la connoissance des matières qu'on y emploie, celle des dissolutions qui leur conviennent, et des procédés qu'il faut suivre, afin qu'après avoir été appliquées, elles ne donnent pas seulement le lustre et l'éclat à la couleur par le moyen d'une couche transparente, mais qu'elles conservent encore l'ouvrage, et, qu'outre cela (comme il a été vérifié par des expériences répétées dans le vernis de MM. Glaser) elles le garantissent de l'action du feu qui épargne un petit nombre de substances.

PROCÉDÉ POUR TEINDRE LE COTON FILÉ EN ROUGE INCARNAT, DIT ROUGE DES INDES OU D'ANDRINOPLE.

L'art de donner au coton, avec la garance, une couleur aussi solide qu'elle est belle, paroît avoir pris naissance dans l'Inde, d'où il a passé dans le Levant, où les Grecs qui préparent cette teinture ont, pendant long-temps, concentré le commerce du coton rouge.

Rappeler que c'est à *Goudard*, d'*Haristoy*, et *Fesquet*, que nos fabriques doivent l'avantage de ne plus tirer du Levant, ni d'y envoyer teindre leurs cotons en rouge incarnat, c'est acquitter une dette sacrée. Ces trois particuliers attirèrent, en 1747, des teinturiers grecs, et formèrent deux établissemens, l'un à Darnetal, près Rouen, et l'autre à Aubenas, en Languedoc. Neuf années après, un autre particulier, nommé *Slachat*, qui avoit passé plusieurs années dans l'Empire Ottoman, en ramena plusieurs ouvriers grecs, et notamment des teinturiers, à l'aide desquels il éleva à Saint-Chamont, près Lyon, une troisième manufacture de teinture de coton en rouge, façon d'Andrinople.

Les procédés concentrés dans ces ateliers ne purent, malgré toutes les précautions des teinturiers étrangers, échapper à la perspicacité des François : ils furent bientôt connus. Le Gouvernement les ayant publiés, en 1765, de nombreux établissemens se formèrent successivement dans le midi et le nord de la France, mais particulièrement dans Rouen et ses environs. On fit d'abord moins bien, puis on réussit à soutenir la concurrence des tein-

tures d'Andrinople ; enfin , graces aux sa-
vantes recherches des Mazéas, des Vogler ,
des Gren , des Pallas, mais sur-tout à celles
des deux célèbres chimistes Berthollet et Chaptal , qui rendent journellement de si grands
services aux arts, et particulièrement à celui
de la teinture , nos artistes sont parvenus
non seulement à s'affranchir du tribut qu'ils
payoient à l'industrie grecque, mais encore à
porter la couleur du coton rouge à un point
de beauté tel, que celle des Levantins ne peut
plus lui être comparée, quoique leurs procédés
se rapprochent beaucoup de ceux des teinturiers grecs , quant à l'obligation indispensable d'employer l'huile combinée avec la
soude et la liqueur que l'on trouve dans les
boyaux des animaux ruminans; le mouton
ou la chèvre pris pour exemple.

On n'opère pas d'une manière uniforme
dans tous les ateliers. J'ai été à portée d'en
visiter plusieurs, de conférer avec différens
artistes , et de vérifier leurs procédés ; mais ,
de tous ceux qui sont venus à ma connoissance, celui dont je vais donner la description m'a procuré le rouge le plus beau et le
plus solide.

Ordinairement on teint cent livres de coton à la fois : celui qui a été filé avec les machines qu'*Arckriwgth* a inventées, et qui, malgré la surveillance du gouvernement anglois, nous ont été apportées par des artistes de ce pays, est, à raison de sa force, plus en état que celui filé à la main, de supporter les différentes manipulations de cette teinture : pour qu'il ne se mêle point, on réunit avec une ficelle les écheveaux par *pentes*, dont chacune pèse de quatre à cinq onces : la boucle qui tient les *pentes* doit être large. Il faut en outre que les *centaines* soient bien lâches. Une corde passée dans la ficelle qui tient chaque *pente* les assujettit, et sert à les tirer de la chaudière.

Les cuviers, baquets, seaux, et sébiles, doivent être de bois blanc : il faut les tenir très-propres, ainsi que les chaudières de cuivre qui seront écurées chaque fois que l'on en fera usage. On peut les chauffer avec la tourbe, le charbon de terre, ou le bois. Les teinturiers de Rouen ne préfèrent le bois que parce que leurs chaudières sont altérées moins promptement par ce combustible.

PRÉPARATION DE LA LESSIVE.

Mettre dans un cuvier dont le fond sera garni de paille, ou mieux d'un lit de gros sable de rivière bien lavé et recouvert d'une serpillière, cent cinquante livres de soude d'Alicante, réduite en poudre grossière. Ce cuvier doit contenir mille livres d'eau, outre la soude, et être percé d'un petit trou à sa partie inférieure, pour que l'eau chargée de sel puisse s'écouler dans un autre cuvier, arrangé comme pour les lessives ordinaires. Lorsque l'eau donne deux degrés au pèse-liqueur construit suivant les principes de Baumé, elle est au degré de force suffisant pour les bains d'apprêt : on en reverse une portion sur la soude, pour porter à quatre degrés celle dont on a besoin pour l'alunage, et on lessive la soude une seconde fois avec de nouvelle eau de rivière, afin de l'épuiser du sel qu'elle contient.

La lessive alcaline n'a d'autre avantage que de délayer, de diviser l'huile, et de permettre à l'artiste de la porter sur tous les points du coton, d'une manière égale et facile. J'ai éprouvé que

la

la potasse produit le même effet que la soude, et je pense que ce fait mérite quelque considération, attendu que la soude, rare et chère dans le nord, pourra y être suppléée par la potasse qui y est commune. Il suit de ce principe que toutes les qualités de soude ne peuvent pas être employées indistinctement. Pour que la soude ait les qualités convenables, il faut qu'elle soit caustique, et contienne peu de muriate : on ne peut pas la rendre caustique par la chaux, attendu qu'alors elle rembrunit la couleur : sa causticité doit être un effet de sa calcination. Le carbonate de soude, et la soude mêlée de beaucoup de muriate, ne se lient que très-imparfaitement avec l'huile; ainsi les vieilles soudes effleuries, et les soudes impures de nos climats, ne peuvent servir aux usages de cette teinture. (Cette observation, et les suivantes, sont extraites en entier d'un Mémoire, que le célèbre Chaptal a lu, le 26 floréal an VI , à l'Institut national).

DÉCREUSAGE.

Prendre douze livres de crotin et de la liqueur qui se trouve dans les intestins du mouton ; les mettre tremper dans un baquet avec une petite quantité d'eau de soude à deux degrés; les délayer à l'aide d'un pilon de bois,

en ajoutant peu à peu de nouvelle lessive,
et ce jusqu'à ce que l'on en ait employé cent
pintes : verser ce mélange à travers un tamis
de crin dans un autre baquet de pareille con-
tenance; y ajouter six livres d'huile d'olives;
pallier avec un *râble* pour bien mêler ces
trois substances. Le bain ainsi préparé, on en
imprègne le coton de la manière suivante :
une terrine profonde, vernissée, scellée dans
une maçonnerie à hauteur d'appui, et dans
laquelle on peut mettre à l'aise une *pente*,
est employée à cet usage ; on prend avec une
sébille de bois une portion du bain ; on la
verse dans la terrine; on y plonge la *pente*;
on la retourne; on l'imbibe bien; on la retire;
on l'égoutte en la faisant couler entre les deux
mains; on la tord à l'aide d'une cheville scellée
dans le mur contre lequel la terrine est adossée, et on la jette sur une table, qui doit être
à portée de l'ouvrier; on répète cette manœuvre sur toutes les *pentes*, alors la totalité
du bain doit être employée; on passe une
corde dans les boucles des *pentes*; on les
porte dans une chaudière remplie d'eau prête
à bouillir, et qui, outre le coton, puisse en
contenir six cents pintes; on le fait bouillir
pendant deux heures; on le retire; on le

lave; on le met au sec , en l'étendant sur des perches, qui doivent aussi être de bois blanc ; chaque fois que l'on étend, on doit avoir grand soin de bien secouer, et retourner les *pentes* pour que le coton sèche uniformément.

PREMIER APPRÊT.

Cent cinquante pintes de lessive à deux degrés ; vingt-cinq livres de crotin , et de la liqueur qui se trouve dans les intestins du mouton ; douze livres et demie d'huile d'olives ; préparer ce bain, et y passer le coton avec les précautions prescrites ci-dessus ; tordre fortement chaque *pente*, et mettre au sec.

Répéter encore deux fois cette même manœuvre, en tout trois fois, avec le soin, quand on exprime le coton, de ne point perdre de liqueur ; celle qui reste se nomme *sikiou*, et sert à l'avivage.

Le choix de l'huile est tout aussi essentiel que celui de la soude. Pour qu'une huile soit bonne, il faut qu'elle s'unisse bien avec la lessive de soude, et qu'elle reste dans un état de combinaison absolue et permanente. L'huile la plus propre aux usages de la teinture, n'est point l'huile fine ; c'est celle

9 *

au contraire qui contient une forte portion de principe extractif. La première ne conserve pas son état de combinaison avec la soude ; elle demande même plus de force dans la lessive ; ce qui ne permet plus au teinturier de graduer ses opérations subséquentes. La seconde fait une combinaison plus épaisse, plus durable, et n'exige qu'une foible lessive à un ou deux degrés. La nécessité d'opérer une intime et parfaite combinaison d'huile et de soude, sera aisément sentie si l'on réfléchit que la lessive de soude n'est employée que pour diviser, délayer, et porter l'huile d'une manière égale dans toutes les parties du coton ; car il suit de ce principe, que si l'huile n'est pas bien mêlée, les cotons qu'on passera dans ce mordant prendront l'huile inégalement, et dès ce moment la couleur sera mal unie ; de là vient que l'ouvrier fait consister tout le secret d'une couleur bien unie et très-nourrie, dans le choix d'une bonne huile, et d'une soude convenable Il suit encore de ces principes, que l'huile doit être en excès, et non dans un état de saturation absolue ; car, dans le dernier cas, elle abandonneroit l'étoffe par le lavage, et la couleur resteroit sèche.

DEUXIÈME APPRÊT.

Cent cinquante pintes de lessive à deux degrés ; douze livres et demie d'huile ; bien mêler ces deux substances, en *palliant* le bain qui est réputé de bonne qualité, lorsque l'huile ne se sépare pas par le repos; on met avec la sébile une petite portion de bain dans la terrine; on y passe, *pente* par *pente*, le coton que l'on a fait sécher sans le laver; on le tord, et on le fait sécher. Cette opération se répète trois fois, ayant également l'attention de bien sécher à chaque fois.

Ce qui reste de ce bain se mêle avec le premier, et sert également pour l'avivage.

Le coton étant parfaitement sec, est porté à la rivière; on le lave, *pente* par *pente*, on le bat afin de le débarrasser de l'huile qui est en excès; on le tord fortement; on le met au sec.

ENGALLAGE.

Il faut choisir de bonne noix de galle noire à épines, la pulvériser, la jeter dans une chaudière contenant six cents pintes d'eau de rivière, et la faire bouillir pendant deux heures : on laisse reposer un peu le bain, et on engalle le coton de la manière suivante, ayant l'attention de conserver le bain aussi chaud qu'il est possible de s'en servir sans se brûler,

On verse dans une terrine, posée comme celle
dans laquelle on a donné les bains gras, quelques pintes du bain de galle ; on y plonge une
pente de coton, en la foulant bien avec les
mains ; on la tord légèrement, et on la porte
promptement à l'étendage ; on reprend une
nouvelle portion de bain ; on y plonge une
nouvelle *pente* ; on l'étend, et on continue
jusqu'à ce que tout le coton ait été engallé ;
on fait sécher très-promptement ; lorsque le
coton est bien sec, on l'alune.

La noix de galle a plusieurs avantages ; 1°. l'a-
cide qu'elle contient décompose la liqueur savonneuse dont le coton est imprégné, et fixe l'huile
sur l'étoffe ; 2°. le caractère d'animalisation qu'a
la galle prédispose le coton à recevoir le principe
colorant ; 3°. le principe astringent s'unit à l'huile,
et forme avec elle un composé qui noircit en se
desséchant, est peu soluble dans l'eau, et a la
plus grande affinité avec le principe colorant de
la garance. On peut s'assurer de cette dernière
combinaison, et en étudier les propriétés, en
mêlant une décoction de noix de galle à une
dissolution de savon.

Il suit de ces principes, 1°. que la galle ne
sauroit être remplacée par les autres astringens,

à quelque dose qu'on les emploie ; 2°. que la galle doit être passée la plus chaude possible, pour que la décomposition soit prompte et parfaite ; 3°. que le coton engallé doit être séché promptement, afin d'éviter la coloration en noir, laquelle nuiroit à la vivacité du rouge qu'on veut lui donner ; 4°. qu'il convient de choisir un temps sec pour procéder à l'engallage, parce que, outre qu'un temps humide colore en noir le principe astringent, il sèche lentement ; 5°. que le coton doit être foulé avec le plus grand soin, parce que la décomposition qui doit s'opérer s'effectue d'une manière égale sur tous les points de la surface ; 6°. qu'il doit y avoir un rapport établi entre les proportions de la noix de galle et du savon. Si la première prédomine, la couleur est noire ; si c'est la seconde, alors la portion d'huile qui n'est pas combinée avec le principe astringent, s'échappe à pure perte par les lavages, et la couleur reste maigre.

PREMIER ALUNAGE.

La chaudière dans laquelle la noix de galle a été cuite ayant été bien nettoyée, y verser six cents pintes d'eau, dans laquelle on jettera vingt-cinq livres d'alun de Rome. Ce sel étant dissous à l'aide d'une douce chaleur, on y ajoute douze pintes de lessive de soude à quatre degrés, et on laisse reposer le bain jusqu'à ce qu'il soit devenu presque froid ; on met dans un cuvier capable de contenir la totalité du coton, une portion de ce bain ; on y plonge quelques *pentes* ; on les y foule, et on les range ; on reverse de nouveau bain ; on y plonge d'autres *pentes*, et on continue jusqu'à ce que la totalité du coton soit placée dans le cuvier, dans lequel on achève de verser ce qui doit rester dans la chaudière : au bout de douze heures on lève le coton, on le tord, et on le fait sécher.

SECOND ALUNAGE.

Le second alunage se donne comme le premier ; mais on n'emploie que douze livres d'alun, que l'on fait dissoudre dans le bain qui a resté de la précédente opération ; on y ajoute six pintes de lessive de soude ; on lève le coton au bout de douze heures de macération, on le tord, et on le fait sécher.

On ne doit jamais exposer au soleil le coton que l'on fait sécher au sortir de l'alun. Si, pour économiser sur les frais des matières combustibles, on étend à l'air, ce doit être toujours à l'ombre ; mais dans tous les cas, il est indispensable de le passer à l'étuve pour opérer une dessiccation complète (1).

Le sulfate d'alumine (alun) a non seulement la propriété d'aviver le rouge de la garance, mais de contribuer, par sa décomposition et la fixation de son alumine, à donner de la solidité à la couleur.

Pour juger des effets de l'alun dans la teinture sur coton, il suffit de mêler une décoction de noix de galle à une dissolution d'alun. Le mélange devient trouble dans le moment, et il se forme un précipité grisâtre qui, desséché, est insoluble dans l'eau et dans les alcalis.

Tout ce qui se passe dans cette expérience de laboratoire, s'observe comme dans l'alunage de la teinture. Le coton engallé et plongé dans une dissolution de sulfate ou d'acétite d'alumine, change de couleur dans le moment, et devient gris ; le bain ne présente pas de précipité, parce que l'opération se fait dans le tissu même de l'étoffe où les produits restent fixés. Il est néanmoins à observer que si l'on passe le coton engallé dans une

---

(1) L'étuve est formée d'une pièce voûtée, ou au moins bien plafonnée, échauffée avec un poêle, autour de laquelle le tuyau circule. On doit avoir soin que le coton en soit assez éloigné pour être à l'abri du feu.

dissolution d'alun trop chaude, une portion de galle s'échappe du tissu de l'étoffe, et alors la décomposition de l'alun se fait dans le bain lui-même; ce qui diminue la proportion du mordant, et appauvrit la couleur.

Le coton est ensuite porté à la rivière; on le lave, *pente* à *pente*; on l'agite bien; on le bat; en un mot on ne le retire que lorsqu'en le tordant l'eau en sort claire (1).

TEINTURE.

On ne teint que vingt-cinq livres de coton à la fois; la chaudière doit avoir la forme d'un carré long, et contenir quatre cents pintes d'eau; on l'emplit jusqu'à cinq ou six pouces près du bord; on y verse vingt-cinq pintes de

---

(1) Il est reconnu que l'alun de Rome, celui de fabrique, et celui du Levant, sont généralement préférés pour les couleurs brillantes de la teinture : celui d'Angleterre ne sauroit les remplacer pour ces usages délicats, tandis que ce dernier est employé avec avantage dans les ateliers où l'on traite les peaux par l'alun. Si nous rapprochons de la nature de ces aluns les opérations qu'on exécute dans ces fabriques, il nous sera aisé de nous convaincre que les prédilections, pour tel ou tel alun, y ont été établies d'après le résultat de l'expérience, et non d'après le simple caprice de l'artiste. En effet l'alumine de l'alun d'Angleterre, étant moins pure, et sensiblement moins blanche que celle des autres qualités, elle ne peut que former un excipient qui altère la vivacité de la couleur du principe colorant qu'on lui confie ; et si l'étoffe a été engallée, comme cela

sang liquide; on le mêle avec l'eau en *palliant* avec le *râble*; puis on ajoute cinquante livres de garance de Smyrne, moulue en poudre fine. Cette espèce est connue sous le nom de *lizary*: on la cultive maintenant en Provence: elle peut remplacer avantageusement celle du Levant; mais ordinairement on ne la fait entrer que pour moitié dans le bain de teinture.

On *pallie* fortement le bain, et lorsqu'il commence à tiédir, on y plonge le coton, dont on a eu soin de passer les *pentes* sur des bâtons nommés *lisoirs*; on plonge successivement les *lisoirs* dans le bain, ayant l'attention de bien enfoncer le coton, de retourner les *pentes*, bout pour bout, de les agiter, afin

---

arrive lorsqu'on prépare du coton pour le rouge, le peu de sulfate de fer que contient cet alun avine la couleur et ternit son éclat.

Ne soyons pas surpris si l'alun de Rome est préféré à tous, dans le cas où l'alumine doit servir de base à une couleur, ou bien lorsqu'on alune sur galle pour fixer une couleur sur une étoffe; c'est donc à la pureté de son alumine que l'alun de Rome doit sa supériorité, et non à une plus forte portion de cette base, comme on l'a cru.

Lorsqu'on est forcé de suppléer au manque d'alun de Rome par l'alun du Levant, on en met à-peu-près un sixième de plus pour obtenir un effet semblable; on supplée par ce moyen à la matière étrangère que contient cet alun. (Cette note est extraite d'un autre Mémoire de Chaptal).

que la couleur s'applique également sans être
pressée par le feu. Cette opération dure au
moins une heure, pendant laquelle la chaleur
du bain va toujours en augmentant ; alors on
retire les *pentes* des *lisoirs*, que l'on passe
dans les boucles de ficelle qui tiennent les
pentes : elles se trouvent submergées, et on
ne les retire de la chaudière qu'après une
ébullition totale d'un quart d'heure, d'une
demi-heure au plus : on lave avec grand soin,
jusqu'à ce que l'eau sorte claire ; on tord, et
on fait sécher.

AVIVAGE.

On trempe le coton dans le *sikiou* réservé ;
en opérant comme dans les premiers apprêts
on tord, et on fait sécher. Si on enferme le
coton pendant huit jours dans un sac, mis
dans un endroit très-sec, la couleur augmen-
tera en beauté : on remplit d'eau la chaudière
qui a servi au décreusage ; on y jette six livres
de savon blanc de Marseille ; dès qu'il est
fondu on y plonge le coton ; on le pétrit jusqu'à ce qu'il soit bien imbibé ; on passe une
corde dans les boucles des *pentes* ; on couvre
la chaudière ; on l'étoupe avec grand soin ; on

charge le couvercle, afin d'étouffer la vapeur du bain, et d'en augmenter le degré de chaleur; on fait bouillir à petit feu pendant cinq ou six heures; on découvre la chaudière, alors le coton doit être d'un bel incarnat; on le laisse refroidir dans le bain; on le lave, on le tord, on le met sécher.

AUTRE AVIVAGE.

Remplir la chaudière de lessive de soude à un degré ou deux au plus; y ajouter six livres d'huile, et une égale quantité de savon; pallier avec soin; lorsque le bain commencera à bouillir, y plonger le coton, et opérer avec les précautions prescrites ci-dessus, parce que les vapeurs que le feu dégage prennent, en n'ayant presque aucune issue, un degré de chaleur beaucoup plus considérable, et réagissent sur la couleur. Est-il question de lui donner du feu, on dissout six livres de muriate d'étain dans cent pintes d'eau, la plus pure que l'on peut se procurer; on y passe le coton *pente à pente*; on le lave sans le faire sécher. Veut-on au contraire que la couleur tire à celle de rose, on procède de la manière suivante :

Dans un muid d'eau de rivière, faire éteindre trois boisseaux et demi de chaux vive; laisser reposer pendant au moins douze heures; décanter l'eau éclaircie dans un baquet qui aura servi aux bains gras; la mêler avec le restant de ce qui a servi à donner les premiers apprêts, remuer exactement; piler avec le mélange cent livres de coton écru; le mettre dans une chaudière contenant quinze cents pintes; y ajouter assez d'eau de rivière pour baigner les cent livres de coton et les vingt-cinq livres déjà avivées, destinées à la couleur de rose, que l'on mêle parmi le coton écru; faire bouillir pendant trois ou quatre heures. Si la couleur est telle qu'on la désire, on retire tout le coton, on le lave, on le tord, et on fait sécher : si elle n'étoit pas encore amenée à la nuance désirée, faire bouillir seulement les vingt-cinq livres pendant trois quarts d'heure, une heure au plus, dans deux cent cinquante pintes d'eau de rivière, dans laquelle on aura jeté deux livres de savon blanc; retirer le coton, le laver, le tordre, et le faire sécher : le rose alors sera achevé. Les cent livres de coton qui ont servi à roser, étant lavées et séchées, sont préparées pour recevoir le premier apprêt du rouge, façon d'Andrinople.

L'eau de savon affoiblit et détruit la couleur de garance la plus solide : celle même du rouge d'Andrinople ; de là vient qu'il faut épargner le savon autant qu'il est possible , lorsqu'on lave les fils et cotons qui ont cette couleur. La seule différence entre le vrai rouge d'Andrinople et le faux , consiste en ce que l'un résiste beaucoup plus long-temps que l'autre. L'acide nitrique, étendu d'eau , est , selon M. Vogler, le moyen le plus sûr et le plus expéditif de distinguer le vrai rouge d'Andrinople du faux. Il suffit d'y plonger un fil de ce dernier ; on le voit bientôt pâlir , et en moins d'un demi-quart d'heure il est blanc ; tandis que le vrai rouge d'Andrinople reste une heure sans être altéré, et qu'il n'y perd jamais en entier la couleur qui devient orangé. (Cette observation, extraite des *Élémens de l'Art de la Teinture*, par Berthollet, a dû naturellement trouver sa place à la suite de ce Mémoire , et en former le complément.)

BLEU A CHAUD POUR TEINDRE LA LAINE, LA SOIE, LE LIN, ET LE COTON.

Ce bleu a pour base l'indigo : il se prépare dans un vaisseau auquel on donne le nom de

cuve, qui est ordinairement en cuivre; mais
que l'on peut faire aussi en plomb. Sa forme
représente un cône tronqué, de quatre pieds
de hauteur, trois de diamètre par haut, et
réduit à deux par bas. Cette cuve est enterrée
d'un pied, et entourée d'une muraille verti-
cale sur laquelle ses rebords sont appuyés,
au niveau du sol de l'atelier, et à la partie
qui fait face au mur contre laquelle elle est
adossée : on pratique une ouverture de huit
pouces de large sur dix à douze de haut, par
laquelle on introduit de la braise ou du charbon, dont on entretient la déflagration, par
un tuyau de poële qui s'élève du côté opposé
et va porter au dehors la vapeur qui incom-
moderoit l'ouvrier.

Les substances qui entrent dans la composition de cette cuve, sont, outre l'indigo,
les cendres gravelées, ou la potasse, la garance, et le coton : leurs rapports sont ainsi
déterminés :

Indigo, une livre.
Cendres gravelées, une livre.
Son, une demi-livre.
Garance en poudre, deux onces.

Dans une cuve pareille à celle dont on a donné les dimensions, on met communément douze livres d'indigo ; la garance, le son, et les cendres gravelées, en proportion. On doit préférer l'indigo de première qualité : la réussite de l'opération est plus certaine, et la couleur plus belle, que lorsque l'on en emploie d'inférieur. On le met tremper dans l'eau ; on le broie : il doit être en consistance de sirop épais, lorsqu'on l'introduit dans la cuve.

On emplit une chaudière d'une quantité d'eau égale aux deux tiers de ce que la cuve peut contenir, on y fait bouillir, pendant un quart d'heure, les cendres gravelées, la garance, et le son ; on verse le tout avec le dépôt dans la cuve ; on y ajoute l'indigo ; on *pallie*, et on la couvre bien ; on attend que la chaleur soit baissée à pouvoir y tenir la main ; on allume le feu, pour l'entretenir à ce degré, qui doit être le 28 ou le 30e du thermomètre de Réaumur, dont elle ne doit jamais excéder le 35e. Lorsque le bain verdit, et qu'il commence à teindre, on *pallie* de nouveau. Si la teinte est plus forte après un peu de repos, on en augure que la cuve commence à *venir* ; il se forme alors une pellicule rougeâtre et cuivreuse à la surface; le bain augmente de verdeur; la fleurée devient plus abondante en *palliant*; il est temps de remplir la cuve.

On fait bouillir, avec la quantité d'eau nécessaire pour la remplir à un pouce du bord, deux livres de cendres gravelées, une livre de son, et deux onces de garance; on verse dans la cuve; on *pallie*, et on entretient toujours le degré de chaleur prescrit; *pallier* au bout de six heures; laisser reposer encore six heures avant de teindre sur cette cuve, dont le bain doit être d'un beau vert en dedans, d'un bleu foncé à la superficie, recouvert d'une pellicule cuivrée et luisante, joint à une fleurée abondante, si elle a été bien gouvernée; ce qui arrivera au bout de quarante huit heures au plus.

La cuve en bon état, on y descend la *champagne*; c'est un cercle de fer dont l'intérieur est garni d'un réseau de cordes, qui empêche le marc de se mêler avec les objets à teindre qui n'ont besoin d'autres préparations que d'être humide, d'avoir été dégraissée et lavée, si c'est de la laine: *décruée*, ou *cuite* à raison de trente livres de savon pour cent, et bien lavée, si c'est de la soie; et enfin débouillis et lessivés, si c'est du lin, du coton, ou d'autres substances végétales.

Lorsque la cuve s'affoiblit par le travail, ce que manifeste la diminution de la fleurée, et de la limpidité du bain, on la ranime en procédant ainsi qu'il suit :

On fait bouillir dans la quantité d'eau nécessaire pour remplacer ce que l'évaporation et les étoffes ont absorbé, deux livres de cendres gravelées, deux onces de garance, et une demi-livre de son; on remplit la cuve; on *pallie*; on entretient la chaleur, et dès que que le bain est revenu au point qui en indique le bon état, on teint de nouveau.

La cuve se ranime ainsi jusqu'à ce que la quantité d'étoffes ait épuisé presque toute la substance colorante; alors il faut la réchauffer et la regarnir d'indigo. On transvase dans la chaudière les deux tiers du bain, qui de vert est devenu d'un brun foncé; on y ajoute, avec la quantité d'eau proportionnée à celle qui s'est dissipée pendant le travail, six livres de cendres gravelées, douze onces de garance, et trois livres de son : après un quart d'heure d'ébullition, pendant laquelle on écume avec soin , on reverse le bain dans la cuve, on ajoute six livres d'indigo, on *pallie*, on entretient la chaleur au degré prescrit : au bout de douze heures on peut teindre.

Une cuve qui a été réchauffée et regarnie plusieurs fois, doit être vidée entièrement pour être montée de nouveau, parce que la couleur qu'elle donne n'est pas si vive ; d'ailleurs le bain n'est plus d'un si beau vert, quoiqu'elle soit en bon état.

Lorsqu'on ne fait pas usage de la cuve, il n'y a nul inconvénient à la laisser refroidir , ayant l'attention d'allumer de la braise ou du charbon , et de la *pallier* quelques heures avant d'y teindre ; ce que l'on ne doit faire que lorsqu'elle est au degré de chaleur indiqué.

Il est possible de ne pas réussir dans l'exécution de ce procédé. Si on excède la quantité de cendres gravelées, si on diminue trop celle du son et de la garance, l'alcali fixe devenant surabondant attaque et détruit même une partie de l'indigo. Cet excès d'alcali se reconnoît à ce que le bain de la cuve est d'un vert tirant sur le jaune; on y pare en ajoutant une nouvelle quantité de son et de garance qui, en fermentant, produisent l'acide nécessaire à la saturation de la surabondance de l'alcali. Une trop forte chaleur appliquée pendant que l'on prépare cette cuve, ou son refroidissement total, sont autant de causes qui l'empêchent de venir en couleur. Dans ce cas on n'a d'autre parti que de la transformer en cuve à froid, en ajoutant une quantité de sulfate de fer et de chaux égale à celle de l'indigo; mais alors on ne peut y teindre que des matières végétales.

PROCÉDÉ POUR TEINDRE EN BON NOIR LES MATIÈRES VÉGÉTALES PAR M. J. B. DE BEUNIE.

Passez premièrement votre étoffe dans une cuve d'indigo à chaud, pour lui faire prendre une couleur bleue, la plus foncée qu'il sera possible; après l'avoir bien rincée, passez-la dans l'alun neutralisé, n°. 1 ; exprimez un peu avec la main afin que l'alun pénètre mieux; étendez-la sur des perches, mais absolument hors du soleil : quand elle sera sèche, faites-la tremper pendant deux heures dans de l'eau courante; rincez-la bien, et mettez-la égoutter.

L'étoffe étant à demi-sèche, faites-la bouillir pendant une demi-heure dans le bouillon de Brésil, n°. 2; ajoutez deux gros de vert-de-gris, elle deviendra couleur de pourpre foncé; lavez-la et mettez-la au sec; faites-la tremper à chaud pendant une heure dans le bouillon de noix de galle n°. 3 : il ne faut pas qu'il soit bouillant; tordez-la, et étendez-la. Après quelques heures, passez-la encore dans le bain de noix de galle, et ensuite dans la dissolution de fer, n°. 4; faites-la sécher, et lavez-la jusqu'à ce que l'eau en sorte claire.

ALUN NEUTRALISÉ, N°. 1.

Prenez dix livres d'alun; pilez-le, et faites-le fondre dans soixante pintes d'eau; ensuite faites fondre dans dix autres pintes d'eau dix onces de potasse; laissez rasseoir pendant quelque temps; quand cette dissolution sera éclaircie, versez-la sur celle de l'alun, en remuant continuellement.

BOUILLON DE BRÉSIL, N°. 2.

Prenez vingt-cinq livres de bois de Brésil réduit en copeaux; faites-les bouillir pendant une heure dans cinquante pintes d'eau : trans-

vasez dans un tonneau en passant à travers
un tamis; versez sur le bois une nouvelle quantité d'eau; faites-la bouillir de nouveau pendant une heure, et versez dans ce même vase
en passant également ce nouveau bain à travers un tamis : plus il est vieux, plus la couleur qu'il donne est belle.

BOUILLON DE NOIX DE GALLE, N°. 3.

Prenez quatre livres de noix de galle à
épines; concassez-les grossièrement; faites-les
cuire dans cinquante pintes d'eau. Si on met-
toit une plus grande quantité de noix de galle,
le bain auroit plus de force.

DISSOLUTION DE FER, N°. 4.

Prenez deux cents pintes de bon vinaigre,
quinze livres de limaille de fer, ou vingt-cinq
livres de ferraille rouillée à l'air, et trois livres
de sel marin, *muriate de soude*; mettez le tout
dans un tonneau; soutirez en reversant chaque fois dans le tonneau, pendant un mois. Au
bout de ce temps, vous pourrez faire usage de
cette dissolution de fer; néanmoins plus elle
est ancienne, meilleure elle est; c'est pour-

quoi il est à propos d'en avoir toujours une bonne provision.

BON NOIR POUR LES ÉTOFFES DE BAS PRIX.

Passez le fil ou le coton dans l'alun neutralisé, n°. 1, de la manière qui a été prescrite ci-dessus ; faites-le bouillir ensuite dans le bain de bois de Brésil, n°. 2 ; passez-le au bouillon de noix de galle, n°. 5, et ensuite dans la dissolution de fer, n°. 4, observant en toutes choses ce qui est dit à l'égard du meilleur noir.

BOUILLON DE NOIX DE GALLE N°. 5.

Prenez cent livres de sciure de bois de chêne ; faites-la bouillir pendant deux heures dans quatre cents pintes d'eau ; ajoutez ensuite dix livres de noix de galle, et vingt-cinq livres de bois d'Inde ; faites bouillir de nouveau pendant deux autres heures, en ajoutant de nouvelle eau pour remplacer celle qui s'est évaporée ; passez ce bain à travers un tamis, en le versant dans un tonneau ; il acquiert beaucoup de qualité en vieillissant.

Cette seconde manière de teindre est si peu coûteuse, qu'on peut en faire usage même pour le fil de la plus basse qualité.

ANALYSE

ET

EXAMEN CHIMIQUE DE L'INDIGO,

TEL QU'IL EST DANS LE COMMERCE POUR L'USAGE DE LA TEINTURE.

Pièce qui a concouru pour le prix sur la nature et l'usage de l'indigo ; par M. T. Bergman , prfoesseur de chimie à Upsal, associé étranger de l'Académie des Sciences de Paris , etc.

§. PREMIER.

ON peut réduire les arts mécaniques en deux classes générales : l'une dépendante uniquement, ou au moins pour la plus grande partie, d'une adresse mécanique ; et l'autre qui a encore besoin de certaines opérations véritablement chimiques, quoique souvent très-mal entendues. Il faut pourtant avouer qu'il n'en est presque aucun, de la première même, qui n'ait pas quelque cas où il est nécessaire de recourir aux opérations plus ou moins chi-

miques. L'influence de cette science pour per-
fectionner les arts est donc très-évidente; et
si les arts ont encore beaucoup d'embarras et
de défauts, cela vient en partie du silence
mystérieux dont on a toujours enveloppé
toute la pratique, suggéré ou par un hasard
heureux ou par un tatonnement opiniâtre;
en partie aussi parce que des hommes suffisamment instruits n'ont pas eu le loisir de s'y
appliquer avec succès : mais depuis l'époque
la plus mémorable dans l'histoire des arts, je
veux dire, depuis que l'Académie des Sciences
a commencé de publier leurs descriptions, la
scène a changé dans ces ouvrages; le savant
chimiste, ou physicien, apprend beaucoup
de faits très-remarquables; il entrevoit ce qui
manque; et la connoissance d'autres faits igno-
rés des artistes lui fournit des moyens pour
y remédier, ou au moins lui montre le che-
min le plus court et le plus sûr pour y arriver.

Quant à l'art de la teinture, il n'est tout
entier qu'une suite de plusieurs opérations
chimiques, soit pour préparer les matières à
teindre, soit pour extraire et attirer les parcelles colorantes, soit enfin pour les appliquer
solidement. Le premier pas est de connoître

la nature des drogues dont on se sert; et c'est ce problème que l'Académie des Sciences a proposé de résoudre touchant l'indigo. Je vais donc décrire mes expériences, souhaitant que leurs résultats puissent en quelque façon satisfaire les demandes d'une compagnie si illustre. Je me suis servi du bon indigo, dont les teinturiers font ordinairement usage; le plus fin est trop cher pour être souvent employé.

§. I I.

L'INDIGO AVEC DE L'EAU.

J'ai fait bouillir cent parties d'indigo en poudre avec de l'eau distillée pendant un quart d'heure dans une cucurbite de verre; je laissois assez de temps aux poudres pour couler à fond; je décantois après doucement la liqueur sur un filtre de papier, évitant autant qu'il étoit possible qu'aucune partie de la poudre fût emportée; j'ajoutois enfin la même quantité d'eau; je faisois bouillir et décanter comme la première fois, répétant la même opération jusqu'à ce que l'eau ne se colorât plus; enfin j'ai soigneusement assemblé la poudre qui, séchée, fut exposée à la chaleur du bain-marie

pendant quinze minutes, comme elle avoit été
avant la décoction ; j'ai trouvé, en pesant, une
perte de onze parties ; il reste environ une
partie de la même nature, mais qui n'est pas
encore séparable moyennant de l'eau, étant
défendue par les autres matières.

§. I I I.

La liqueur filtrée étoit claire, brune, jaunâtre, sans odeur sensible, mais d'une astric-
tion très-légère sur la langue ; en concentrant
par l'évaporation, elle devient brune, rougeâtre, presque opaque : elle ne rougit point
le tournesol, et ne verdit point le sirop de
violette.

L'alcali, ni fixe ni volatil, n'en sépare rien ;
mais les acides précipitent promptement des
molécules brunâtres, pour la plus grande partie dissolubles par l'alcali fixe et volatil, qui en
prennent la couleur ; après la précipitation, la
couleur de la liqueur reste, mais affoiblie, et
jaunâtre.

La dissolution d'alun cause une précipitation jaunâtre ; celle de vitriol de cuivre fait
tomber des parcelles grises qui, assemblées

et lavées, se dissolvent par l'alcali volatil, ne laissant qu'une petite portion blanche de reste; la dissolution devient grise, bleuâtre; le vitriol vert donne un sédiment semblable, qui se comporte avec de l'alcali volatil, comme le précédent; mais la liqueur n'acquiert qu'une couleur de paille très-foible. La matière astringente est précipitée non seulement par l'alun, mais aussi par tous les sels métalliques.

La teinture des galles ne fait aucun changement visible, non plus que l'esprit de vin.

§. I V.

L'eau seule n'est donc point capable de dissoudre les molécules bleues, n'attaquant qu'environ $\frac{1}{9}$ du poids; c'est-à-dire les parties mucilagineuses, les astringentes et les savonneuses. La poudre de l'indigo, épuisée par des décoctions dans l'eau, est aussi bonne pour teindre, si non meilleure qu'auparavant.

La matière dissoute par l'eau n'est pas tout entière de la même nature, puisque les parties résineuses de la substance savonneuse se laissent précipiter par tous les acides.

§. V.

L'INDIGO AVEC DES DISSOLVANS PHLOGISTIQUES.

La poudre d'indigo, digérée fortement dans *l'esprit de vin* bien rectifié, donne une teinture d'abord jaune, puis rouge, et enfin brune. Cette opération répétée plusieurs fois avec de l'esprit de vin nouveau, l'épuise enfin, et cette menstrue ne se colore plus. De cette manière, l'indigo perd environ $\frac{1}{17}$ de son poids, comme on peut s'en convaincre en assemblant, desséchant, et passant la poudre restante.

La couleur de la teinture varie selon l'épaisseur de la masse mise entre l'œil et la lumière par l'atténuation ; elle devient jaunâtre, et de plus en plus foible. De l'eau ajoutée la rend louche ; une matière résineuse brunâtre est séparée, mais va très-lentement au fond. L'acide marin ne fait aucun changement ; la couleur en devient seulement plus foncée ; mais sans se grumeler ; au contraire, l'alcali volatil caustique la rend plus claire, et précipite un peu de matière. Il en arrive de même avec l'eau vitriolique concentrée ; la lessive d'alcali fixe fait un mélange un peu louche et savonneux, précipitant en même temps un peu d'alcali, et par-là la liqueur s'éclaircit : elle contient pourtant encore et une portion d'alcali et la matière résineuse, comme on peut s'en convaincre en ajoutant quelques gouttes d'un acide, qui non seulement excitent une effervescence, mais séparent aussi des flocons rougeâtres.

§. V I.

L'éther vitriolique agit sur l'indigo à peu près comme l'esprit de vin ; la couleur me semble pourtant être un peu plus gaie, l'eau ajoutée précipite des flocons jaunes et brunâtres.

§. V I I.

Les huiles tant exprimées que distillées ont peu de prise sur l'indigo, quoique aidées par la digestion : elles jaunissent pourtant, en cette circonstance, jointe à ce que la poudre bleue qui, une fois bien remuée, a besoin de plusieurs jours pour gagner le fond, fait paroître l'huile verte ; mais cette apparence est fausse : elle s'affoiblit insensiblement, et est enfin en-

tièrement éteinte; mais elle peut être renou-
velée à souhait , en secouant le vaisseau et le
laissant ensuite en repos.

§. V I I I.

L'INDIGO AVEC DES ACIDES.

J'ai mêlé une partie d'indigo bien pulvérisé,
avec huit d'*acide vitriolique* clair, sans couleur et tellement concentré, que sa pesanteur
spécifique étoit à celle de l'eau distillée comme
1,900 à 1,000 : le mélange fait dans un flacon
de verre, je l'ai bouché légèrement. L'acide
attaquoit promptement l'indigo , excitant une
grande chaleur : après une digestion de vingt-
quatre heures, l'indigo étoit dissous , mais le
mélange étoit tout-à-fait opaque et noir : en
ajoutant de l'eau , il s'éclaircit, donnant successivement toutes les nuances de bleu selon
la quantité; il faut au moins vingt livres d'eau
dans un vaisseau cylindrique de verre de sept
pouces de diamètre, pour éteindre la moindre
goutte de la dissolution décrite. Voilà une
grande richesse de couleur. J'entends par teinture d'indigo la dissolution mêlée avec de
l'eau jusqu'à devenir transparente plus ou
moins

moins bleue, selon qu'elle a plus ou moins d'épaisseur; ce dont il faut se souvenir pour la suite.

En laissant tomber une très-petite portion d'indigo sur l'acide vitriolique concentré, sans faire aucun mélange, on en voit bientôt sortir des nuages verts; si on ajoute une gouttelette d'eau, il s'excite de la chaleur, les nuages deviennent bleus à l'instant; cela arrive aussi de soi-même, mais plus lentement.

L'acide vitriolique phlogistiqué n'attaque point l'indigo; mais cela ne se fait pas de la manière que je viens de décrire, comme nous le verrons bientôt. Je phlogistique mon acide concentré en y mêlant de la poudre de charbon, et le retirant ensuite moyennant la distillation; car, sans être aidé par la chaleur, il ne se charge pas du principe inflammable des charbons.

Si l'acide vitriolique est délayé par de l'eau, il n'attaque que le principe terreux (§ 27); il devient pourtant jaunâtre par la dissolution de quelque partie mucilagineuse; ce qui arrive de même à tous les autres acides.

§. IX.

Pour connoître de plus près les propriétés de cette dissolution, relativement aux autres matières, j'ai versé plusieurs mélanges dans divers bocaux de verre marqués de certaines lettres d'alphabet ; j'ai mis ensuite dans chacun une goutte de la dissolution d'indigo ; j'ai bien mêlé et laissé les bocaux en repos, l'un auprès de l'autre, dans une température de 15 à 20 degrés, selon l'échelle de M. *de Réaumur*, observant journellement les changemens.

(*a*) Le premier bocal contenoit, outre la goutte de la dissolution d'indigo, 215 grains d'*eau distillée*, devant servir à comparer et mieux évaluer les autres résultats. Pendant plusieurs semaines que durèrent ces observations, on ne voyoit d'autres changemens que la diminution causée par l'évaporation.

(*b*) 325 grains d'*acide vitriolique phogistiqué* avec une goutte de la dissolution, légèrement secoués dans un flacon bien bouché, donnoient une jolie teinture bleue, mais qui après quelques heures tiroit sensiblement sur le vert. Ce changement s'augmentoit, et en même temps la couleur s'affoiblissoit de plus en plus ; de manière qu'après trente heures il n'en restoit qu'une teinte jaunâtre à peine visible. Le bleu étoit donc entièrement mangé, et ne pouvoit revenir ni par l'air libre, ni par les alcalis, ni par aucun autre moyen.

(*c*) 325 grains d'eau distillée, mêlés avec une goutte de la dissolution, et quatre d'un bon *acide nitreux*, devenoient bleus ; mais cette couleur fut entièrement détruite dans un quart d'heure, sans passer auparavant par le vert, et sans pouvoir reparoître.

(*d*) 325 grains d'*acide de sel marin* avec une goutte de la dissolution d'indigo, devenoient bleus comme tous les autres mélanges, mais ils ne changeoient plus.

(*e*) 7 grains d'*acide de tartre cristallisé*, dissous dans 215 grains d'eau distillée, et mêlés avec une goutte de dissolution, changeoient comme *b*, mais plus lentement : après 72 heures la couleur étoit verte, et après 144 d'un jaune peu sensible : ni les alcalis, ni d'autres moyens ne la restituoient. Il faut observer que je n'entends pas ici la crême de tartre ; mais son acide délivré de tout alcali, et cristallisé.

11 *

(*f*) 280 grains de bon *vinaigre* devenoient bientôt verts avec la goutte de la dissolution, puisque l'acide même tiroit un peu sur le jaune; en quatre semaines la teinte verte fut irréparablement perdue.

(*g*) 280 grains d'*acide des fourmis* distillé avec une goutte de la dissolution, agit comme le vinaigre, mais plus lentement. Je n'ai pas encore fait d'essai avec cet acide non distillé, qui est plus huileux, et opère alors, selon toutes les apparences, comme le vinaigre.

(*h*) 6 grains d'*alcali fixe caustique*, dissous dans 215 grains d'eau distillée, détruisent bientôt la couleur bleue d'une goutte de la dissolution, sans que les acides puissent la rappeler. La décoloration passe par une teinte verte.

(*i*) 6 grains de *potasse blanche* dans 215 grains d'eau distillée, ne causent aucun changement pendant plusieurs semaines; mais une plus grande quantité de cet alcali attaque pourtant les molécules bleues, quoique lentement.

(*k*) 6 grains de *sel de soude*, avec autant d'eau, se comportent de même.

(*l*) 6 grains d'*alcali volatil caustique* changent le bleu d'une goutte de la dissolution en vert, et détruisent aussi cette dernière couleur en quelques heures.

(*m*) 6 grains d'*alcali volatil cristallisé* produisent le même changement ; mais il faut beaucoup plus de temps.

Il faut observer que les alcalis fixes, bien mitigés, séparent de la teinture d'indigo une poudre bleue très-fine, qui tombe très-lentement. Je distingue cette matière sous le nom d'*indigo précipité* : on le recouvre aussi en faisant dégoutter la teinture dans de l'alcool de vin, dans des dissolutions saturées d'alun, de sel de Glauber, ou de quelque autre qui contient de l'acide vitriolique ; mais la teinture reste toujours un peu colorée.

(*n*) 16 grains de *sel de Glauber*, avec 215 grains d'eau distillée, et une goutte de la dissolution, tiroient un peu sur le vert après six semaines.

(*o*) 16 grains de *nitre* purifié ne changent pas.

(*p*) 16 grains de *sel marin* purifié, avec une goutte de la dissolution, ne font aucun changement.

(*q*) 16 grains de *sel ammoniac* purifié, non plus ; il faut pourtant observer que ces sels neutres séparent un peu d'indigo précipité.

(*r*) 16 grains de *tartre tartarisé* verdissoient distinctement après trois jours : depuis , la liqueur se moisissoit, et la couleur fut enfin effacée.

(*s*) 16 grains de *sel microcosmique* verdissoient un peu après six semaines : ce sel contient essentiellement une portion d'alcali de soude , outre l'acali volatil et l'acide de l'urine.

(*t*) 16 grains de *sucre blanc* verdissoient distinctement après douze heures : après quatre jours il ne restoit qu'une teinte jaunâtre très-foible.

(*v*) 16 grains d'*alun de Rome* purifié ne causent aucun changement.

(*x*) 16 grains de *vitriol bleu* ne faisoient aucun changement.

(*y*) 16 grains de *vitriol vert* , avec la quantité usitée d'eau, et une goutte de la dissolution verdissoient dans trois jours, et après trois semaines la couleur étoit entièrement mangée.

(*z*) 16 grains de *foie de soufre* détruisoient la couleur en deux ou trois heures.

(*aa*) 16 grains de *réalgar*, ou *arsenic rouge*, n'excitoient aucune teinte verte, et la couleur ne fut aucunement altérée en six semaines.

(*bb*) 16 grains d'*arsenic blanc* ne faisoient aucun changement.

(*cc*) 16 grains d'*orpiment*, de même.

(*dd*) Un grain de *magnésie noire* détruisoit la couleur bleue en quelques heures, non seulement d'une goutte de la dissolution, mais aussi de plusieurs autres.

(*ee*) 17 grains de *garance* avec les 215 grains d'eau, tournoient bientôt la couleur bleue d'une goutte de la dissolution en vert; en effet, cette drogue donne d'elle-même une teinte jaunâtre, qui restoit seule après vingt jours, la bleue étant tout-à-fait mangée.

(*ff*) 16 grains de *pastel* se comportent de même, mais plus vite.

§. X.

Les résultats des expériences précédentes sont différentes, suivant les qualités des ma-

tières : quelques unes ne font aucun changement, comme l'acide de sel, le nitre, le sel
marin, le sel ammoniac, l'alun, le vitriol
bleu, l'arsenic blanc, l'orpiment, et le réalgar,
ou au moins très-lentement, comme le sel
de Glauber, et le sel microcosmique : toutes
les autres détruisent entièrement la couleur
bleue. Nous verrons pourtant qu'il y a une
grande différence entr'elles, parce que les unes
mangent en soustrayant une portion de phlogistique, et les autres en fournissant une surabondance de la même matière : on reconnoît
presque généralement que le phlogistique,
comme principe des corps, est la cause principale de leurs couleurs, en modifiant le
passage et la réflexion de la lumière. La diminution et l'augmentation de cette substance
colorante n'est donc pas indifférente. Examinons premièrement les matières qui dévorent
le phlogistique, dont nous n'avons employé
ici que deux ; l'acide nitreux, et la magnésie
noire.

L'acide nitreux concentré est un des plus
puissans aimants de phlogistique, s'en charge
aisément, devient alors jaunâtre jusqu'au
rouge foncé, poussant des fumées rougeâtres,

Prenons l'acide nitreux nouvellement tiré du nitre purifié, moyennant l'acide vitriolique concentré; distillons dans une retorte un peu haute très-lentement, nous verrons l'acide se décolorer peu à peu, et enfin devenir comme de l'eau, mais beaucoup plus âpre qu'il n'étoit auparavant. Cet acide ainsi purifié redevient coloré par la moindre portion de phlogistique, et recouvre les propriétés mentionnées ; en assemblant les vapeurs chassées pendant la distillation dans une bouteille renversée et pleine d'eau, on aura un fluide élastique, transparent, et sans couleur, connu aujourd'hui sous le nom d'*air nitreux*, qui n'est autre chose qu'une portion d'acide nitreux uni au phlogistique, et par-là devenu élastique. Cette assertion est appuyée sur des faits constans. L'acide nitreux décoloré de la manière décrite, gagne derechef de la couleur par l'attouchement des matières qui contiennent du phlogistique, et qui le retiennent plus foiblement que ne le fait l'acide nitreux ; mais cette substance colorante chassée, lavée, et assemblée, fait l'air nitreux : voilà la synthèse. De l'autre côté, l'air nitreux peut facilement être décomposé par l'introduction d'une quantité suffisante d'air atmosphérique, dont la partie pure a plus d'affinité avec le phlogistique que ne-l'a l'acide nitreux qui, en perdant le phlogistique, perd aussi son élasticité, et peut être recueilli dans l'eau distillée qui environne le mélange dans des vaisseaux clos. Ce passage du phlogistique de l'acide dans l'air, se fait avec un petit frémissement et une coloration rougeâtre passagère : voilà l'analyse.

En considérant tout cela, on peut facilement concevoir pourquoi l'acide nitreux mange presque toutes les couleurs, et entre autres celle de l'indigo (§. IX, *c*), comme nous le verrons bientôt plus en détail (§. XIII et XIV).

La *magnésie noire*, minéral de M. *Cronstedt* (§. 116), qui est employée dans nos verreries, n'est que la chaux d'un métal différent, selon toutes les apparences, des autres connus : celle-ci attire le phlogistique encore plus fortement que ne fait l'acide nitreux pur; car si on en met une dose proportionnée dans l'acide nitreux non coloré, elle reste sans être presque aucunement entamée, au lieu qu'une égale portion d'acide nitreux phlogistiqué dissout la poudre de la magnésie parfaitement, perdant eu même temps sa couleur, puisque le phlogistique s'attache à cette chaux et la fait dissoluble. L'acide nitreux pur fait de même, en y ajoutant un peu de sucre, d'huile, ou d'autres matières qui peuvent fournir une quantité suffisante de phlogistique. On voit donc évidemment pourquoi la couleur est mangée dans notre expérience, et pourquoi la quantité de magnésie employée peut encore détruire le bleu d'un grand nombre de nouvelles gouttes de la dissolution; mais la liqueur devient de plus en plus brunâtre, et enfin presque opaque.

§. X I.

Les autres matières qui détruisent la couleur bleue, le font en fournissant plus de phlogistique qu'il ne faut pour le bleu; et je vais tâcher de prouver cette assertion. D'abord il est bien hors de doute que les matières en question contiennent beaucoup de phlogistique; l'acide du tartre donne, par la distillation, une vraie huile; le vinaigre et l'acide des fourmis sont aussi huileux, principalement le premier non distillé; et c'est sans doute la

raison pourquoi le vinaigre fait plutôt le changement décrit que l'acide des fourmis qui
étoit distillé ; le sucre est assez huileux pour
pouvoir brûler avec de la flamme ; le sel végetal, ou tartre tartarisé, contient l'alcali végétal saturé avec du tartre, et le tartre même
le plus pur est toujours contaminé d'huile ;
l'acide vitriolique phlogistiqué, connu ordinairement sous le nom d'*esprit volatil de
soufre*, le foie de soufre, et le vitriol vert,
prouvent bien clairement qu'il n'est pas nécessaire que le phlogistique soit dans une combinaison huileuse, étant ici très-pur et faisant
néanmoins le même effet : le vitriol de fer a
beaucoup de phlogistique, tandis qu'il est vert
et cristallisable ; mais le vitriol bleu n'est que
la chaux de cuivre unie à l'acide vitriolique,
comme on peut facilement s'en convaincre :
car la chaux de cuivre se dissout aisément
dans l'acide vitriolique, donnant le véritable
vitriol de Chypre ; au lieu que le cuivre en état
métallique n'est attaqué qu'en employant
une grande chaleur, moyennant laquelle une
partie de l'acide vitriolique peut se charger
du phlogistique, et l'emporter.

Enfin la garance et le pastel, comme dro

gues colorantes, abondent nécessairement en phlogistique.

Mais comment une surcharge de phlogistique peut-elle d'abord changer le bleu en vert, et ensuite effacer même cette dernière couleur? Prenons une quantité déterminée d'acide nitreux, préparé à la manière de Glauber; ajoutons-y, dans un flacon, environ $\frac{1}{4}$ en mesure d'eau distillée plus ou moins, selon la concentration de l'acide, et nous verrons la liqueur devenir verte; ajoutons plus d'eau, la couleur s'éclaircit, et devient enfin bleue quand le volume d'eau égale ou surpasse un peu celui de l'acide; en augmentant ensuite l'eau, le bleu se délaye, et s'efface enfin tellement, que le mélange paroît être d'eau seule.

En ajoutant l'eau ici on ne fait, je crois, que répandre l'air nitreux dans un plus grand volume. Donc cette combinaison élastique d'une portion d'acide avec le phlogistique produit dans une certaine densité du brun rougeâtre qui, convenablement dilaté, devient successivement jaune, vert, et bleu, exactement selon l'ordre des couleurs prismatiques. Il ne faut pourtant pas conclure de là

que toute variation des couleurs dépend de la
différente densité du phlogistique : il est vrai
que le mélange des molécules bleues et jaunes,
produisant du vert, paroît s'y accorder, puisque la densité des parties bleues avec celle des
parties jaunes, qui est plus grande, font naturellement ensemble une densité mitoyenne, ou
celle de la verdure ; mais la nature fait souvent naître le même effet par des voies très-
différentes ; il peut donc arriver qu'outre la
densité il y a quelque diversité dans la qualité
ou dans l'ébranlement de la matière phlogistique, qui produisent aussi la différence des
couleurs. Ce que j'espère avoir trouvé, c'est
que la densité seule peut quelquefois y suf-
fire.

Donc, puisque le vert peut visiblement
changer en bleu par la raréfaction de la matière phlogistique, il faut réciproquement que
le vert puisse naître par la condensation, ou,
ce qui revient au même, par l'augmentation
de phlogistique dans un volume bleu. Nous
avons déjà démontré que, dans tous nos cas de
changemens du bleu en vert, il y a une surabondance de phlogistique ; j'espère donc qu'on
ne doutera pas de cette partie de l'assertion.

Mais comment la couleur verte est-elle détruite ? Il est bien vrai que la liqueur devient jaunâtre après l'abolition de la verdure; on pourroit donc croire que la quantité de phlogistique, étant successivement développée, devient plus que suffisante pour la verdure, et par là cause enfin le jaune selon l'ordre des couleurs; mais quoique cette explication soit très-plausible, j'ai pourtant peur qu'elle ne soit pas ici la véritable. Il faudroit alors que cette couleur jaune pût revenir en verte, et même en bleue, par la diminution proportionnée du phlogistique; et c'est en cela que jusqu'ici je n'ai pas réussi, ni par l'acide nitreux, ni par la magnésie noire. Il me semble donc qu'il y a ici une dissipation de la matière inflammable. La portion qui est développée des matières ajoutées, étant attirée par les molécules bleues, fait une accumulation de phlogistique, mais dont les parties ont une cohérence beaucoup plus lâche qu'auparavant; et c'est pourquoi ces atomes volatils sont facilement dissipés, étant exposés à l'air libre qui les attire assez puissamment pour les arracher à l'acide nitreux même.

L'autorité de M. *Hellot* est d'un grand

poids en matière de teinture ; mais je n'ai pu, il faut l'avouer, me persuader que son explication de la fixité des couleurs soit généralement la véritable. On sait fort bien que ni le tartre vitriolé, ni le tartre ne sont capables d'empêcher les changemens en beaucoup de cas : il est vrai que les couleurs doivent nécessairement varier, si les parcelles colorantes se détachent successivement ; mais je suis aussi assuré que ces parcelles peuvent rester, et leurs couleurs pourtant s'affoiblir. N'est-il pas très-probable que leur phlogistique, qui est la cause principale de la couleur, soit quelquefois assez lâchement combiné avec les autres principes pour être plus ou moins dissipé par les rayons du soleil ? On connoît le pouvoir des corps à ressort. Une corde vibrante en excite d'autres dans les environs, qui sont d'une tension et d'une longueur convenable ; il est donc vraisemblable que les rayons directs, et quelquefois la lumière seule, ébranlent tellement le phlogistique engagé , étant essentiellement très-élastique, qu'ils brisent en peu de temps ces entraves. L'air pur attire encore avec une force très-grande le phlogistique ; il peut donc, soit seul, soit aidé par la chaleur qui aug-

mente

mente la volatilité, ou par les rayons dardés du soleil qui excitent des vibrations trop fréquentes, enfin rompre ses liens.

§. XII.

L'acide nitreux un peu concentré attaque l'indigo violemment, excitant beaucoup de chaleur et de mousse; trop serré dans un flacon bien bouché, il le fait éclater avec explosion. Si l'acide est très-fort, l'indigo s'embrase. L'acide convenablement affoibli par de l'eau, prend d'abord une teinte jaunâtre, qui depuis brunit de plus en plus : les morceaux un peu grands deviennent légers et spongieux; leur couleur naturelle change peu à peu en ferrugineuse, sans pouvoir donner du bleu davantage.

Le résidu, après cette opération, étant bien séché, a l'apparence de terre d'ombre, et ne fait que le tiers de l'indigo : de l'eau en dissout quelque portion; mais il faut beaucoup d'eau pour l'épuiser, et elle se colore en jaune brunâtre ; quand l'eau ne l'attaque plus, l'esprit de vin en est coloré en rouge, et la lessive d'alcali fixe en jaune brunâtre.

§. XIII.

L'acide nitreux, après avoir agi sur l'indigo, se trouve beaucoup affoibli par le phlogistique et les matières dissoutes; l'alcali fixe en précipite un peu de fer calciné, mêlé avec de la terre pesante et calcaire (§. XXVII); mais en ajoutant trop d'alcali, une portion du précipité se dissout, faisant la couleur plus foncée qu'elle n'étoit auparavant : l'alcali phlogistiqué produit du bleu de Prusse.

La teinture du résidu faite par de l'eau donne avec tous les acides un précipité spongieux qui ne se dissout totalement ni par les alcalis, ni par l'esprit-de-vin, ni même par l'eau, quoique la teinture évaporée jusqu'à siccité soit aisément redissoute. On sait que la matière caseuse du lait, une fois séparée moyennant quelque acide, reste de même indissoluble. L'alcali, soit ordinaire, soit phlogistiqué, ne précipite rien : cette teinture aqueuse ne diffère donc de la décoction d'indigo (§. II et III) que par une couleur plus gaie.

La teinture rouge spiritueuse se décompose avec l'eau ; mais la teinture alcaline jaune brunâtre s'y mêle sans aucune précipitation, et la transparence même n'est pas endommagée, quoique la couleur change un peu.

On voit donc que l'acide nitreux un peu fort agit tout autrement que ne fait l'acide vitriolique : au lieu de dissoudre les molécules bleues, il les détruit parfaitement ; mais étant trop délayé par de l'eau, l'avidité pour le phlogistique est tellement appaisée, qu'il ne peut attaquer que le terreux (§. XXVII et XXXI), et la matière mucilagineuse qui le colore en brun jaunâtre, et qui est également dissoute par tous les acides, plus ou moins fort.

On peut se servir d'acide nitreux, qui a volé le phlogistique d'indigo, et qui s'est en même temps chargé d'une portion du mucilagineux , pour teindre de la laine et de la soie très-solidement en jaune de nuances très-différentes.

§. X I V.

L'acide marin en digestion, et même en bouillant avec de l'indigo, le mieux porphyrisé , ne fait d'autre effet que de se charger du terreux, du fer (§ XXXI), et d'un peu de matière gommeuse, qui le colore en brun jaunâtre, mais sans attaquer en aucune manière la couleur bleue. Si l'indigo est précipité de l'acide vitriolique (§. IX, *m*), alors l'acide marin en dissout une certaine quantité très-facilement, donnant une liqueur bleue foncée.

La magnésie noire, dont nous avons déjà parlé plus d'une fois à l'égard de la grande force avec laquelle elle attire le phlogistique, nous servira encore ici. Cette matière montre bien clairement que le phlogistique entre comme principe constituant dans l'acide marin. En dirigeant de l'acide marin le plus pur, d'une pesanteur spécifique, environ comme 1, 110 avec la moitié en poids de magnésie noire dans une retorte, on en verra bientôt sortir une vapeur élastique rougeâtre, qui a l'odeur d'eau régale un peu chaude, mais qui, examinée, ne donne pas la moindre parcelle d'acide nitreux, comme on peut facilement s'en convaincre en la combinant avec des alcalis. Cette vapeur attaque presque toutes les matières qui ont du phlogistique, se rassasie de ce principe, et redevient l'acide marin ordinaire. Ce n'est pas ici qu'il faut détailler ces expériences ; il suffit à cette heure de dire que la vapeur rougeâtre qui est l'autre principe de l'acide marin, et qu'on peut appeler *l'acide marin déphlogistiqué*, étant engagé avec de l'indigo, détruit en peu de temps sa couleur bleue, le fait brun jaunâtre, et en même temps se sature suffisamment du phlogistique, et reparoît sous la forme d'acide marin ordinaire.

§. X V.

Les autres acides, comme le *vinaigre*, ceux de *tartre*, des *fourmis*, et de *phosphore*, se comportent avec de l'indigo comme l'acide marin ordinaire; ils deviennent brunâtres, mais sans se charger des molécules bleues; au contraire, ils dissolvent fort bien l'indigo précipité; et nous avons déjà remarqué que les acides huileux détruisent peu à peu la couleur bleue (§ IX *e*, *f*, *g*).

§. X V I.

L'INDIGO AVEC DES ALCALIS.

L'alcali de tartre caustique, ou bien privé d'air fixe, ne donne avec de l'eau et de l'indigo en poudre qu'une lie noirâtre et opaque même en bouillant; si l'alcali est moins âcre, comme la potasse ordinaire, la liqueur devient brune, opaque; si on verse quelque acide après avoir filtré, une matière spongieuse et brunâtre se détache; ce précipité se dissout dans l'esprit de vin.

En digérant, ou faisant bouillir la même poudre plusieurs fois dans les lessives alcalines nouvelles, elle donne successivement des dissolutions verdâtres, de plus en plus pauvres, qui pourtant se laissent précipiter par des alcalis, comme la première; enfin la poudre d'indigo s'épuise, et la matière bleue reste peu diminuée, étant encore chargée de fer et des terres qui entrent dans la composition d'indigo, comme nous le verrons bientôt.

L'indigo précipité est dissous promptement et à froid dans une lessive alcaline; mais si l'alcali fixe est caustique, la couleur bleue change peu à peu en verte, qui s'affoiblit aussi successivement jusqu'à s'évanouir entièrement, sans pouvoir revenir ni par les acides, ni par aucun autre moyen : j'ajoute de l'indigo précipité peu à peu, jusqu'à obtenir une teinture foncée, mais pourtant transparente pour mieux observer les changemens. L'alcali végétal cristallisé, ou pleinement mitigé, ne gâte pas la couleur bleue, au moins il agit très-lentement.

§. XVII.

L'alcali fixe minéral se comporte avec de l'indigo de même que l'alcali fixe végétal, étant seulement un peu moins fort.

§. XVIII.

L'alcali volatil n'attaque non plus l'indigo porphyrisé à l'égard des molécules bleues; il extrait seulement les parties qui donnent la teinture brunâtre; mais l'indigo précipité est très-bien dissous, et enfin toute la couleur bleue est mangée en passant par le vert. L'alcali volatil cristallisable, c'est-à-dire saturé d'air fixe, produit le même changement, mais avec plus de lenteur. En faisant l'expérience dans des vaisseaux remplis et bien bouchés, la couleur bleue est également détruite; mais il arrive quelquefois que la liqueur recouvre dans l'air libre un peu de verdure; mais c'est seulement pour peu de temps : elle s'évanouit de nouveau, sans se laisser reproduire ni par les acides, ni par aucun autre moyen.

§. XIX.

L'eau de chaux agit comme l'alcali volatil : il est vrai qu'il paroît un peu entamer la poudre d'indigo ; mais son action ne s'étend que lentement sur une portion très-petite, et n'est encore que peu visible. L'indigo précipité est facilement dissous, produit bientôt de la verdure, et change enfin en brun jaunâtre. Puisque l'eau de chaux se détruit à l'air libre, il faut faire ces essais dans des vaisseaux clos. Si l'air est bien exclu, la dissolution jaunâtre recouvre un peu de verdure dans l'air libre pour le perdre de rechef, comme il a déjà été remarqué à l'égard de l'alcali volatil.

§. XX.

Il n'est pas difficile d'expliquer ces phénomènes : les alcalis seuls n'ont point de prise sur les molécules bleues, au moins ils agissent insensiblement ; mais une division plus parfaite que n'en peut produire la porphyrisation, les rend propres à être entamés. L'alcali volatil est essentiellement doué d'assez de phlogistique pour produire la verdure, et

même sa déperdition ; mais comment les alcalis fixes et la chaux opèrent-ils également ?
Il faut premièrement observer que les alcalis
fixes cristallisés ne peuvent provoquer ces
changemens : pour les alcalis caustiques, ils
contiennent réellement du phlogistique en
les saturant avec quelques acides : une chaleur très-sensible est excitée, ce qu'on n'observe jamais avec les alcalis fixes parfaitement
mitigés. Il en est de même avec la chaux ;
elle perd dans le feu son air fixe, mais elle
attire en même temps de la matière qui cause
une véritable chaleur lorsqu'on jette de la
chaux fraîche dans de l'eau ou dans de l'acide.
Cette matière de chaleur contient toujours
du phlogistique, mais ne change qu'en dé-
logeant ou regagnant sa liberté ; tandis qu'elle
reste attachée à la chaux, moyennant une
certaine affinité, elle est comme cachée, de
même qu'une matière saturée d'une autre ;
mais l'eau et les acides ont plus d'affinité avec
la chaux : elle est donc chassée, mise en liberté, ou au moins entrée dans une nouvelle
combinaison avec l'air pur.

Les alcalis fixes deviennent caustiques
moyennant la chaux, et cela se fait par un

double échange; la chaux arrache l'air fixe, et laisse la matière de la chaux aux alcalis. On voit donc que la verdure et son abolition sont encore ici causées par le phlogistique; car, quoique la matière de la chaleur ne soit pas le phlogistique seul, il en contient pourtant essentiellement. A la vérité les alcalis fixes donnent, avec l'acide de sel déphlogistiqué, les mêmes sels que l'acide de sel ordinaire; et puisque l'acide déphlogistiqué ne peut être restitué que par le phlogistique, ces phénomènes montrent évidemment que les alcalis fixes ont par eux-mêmes un peu de phlogistique, mais qui est insuffisant pour les changemens mentionnés, étant ou trop lié ou en quantité trop petite. Il reste encore à faire voir comment la reproduction de la verdure dans l'air libre s'accorde avec notre explication générale. Je conçois la raison du phénomène de la manière suivante : l'alcali volatil et la chaux ont assez de phlogistique non seulement pour faire naître la verdure, mais aussi pour former du blanc diaphane dans un vaisseau rempli et bien bouché, de même que le font les couleurs prismatiques réunies; en exposant ensuite la dissolution à l'air libre, celui-ci arrache par le premier contact tant de phlogistique, que le reste ne suffit que pour une foible verdure qui s'efface aussi en très-peu de temps. Toute cette agrégation du phlogistique étant ici propre à se dissiper entièrement, cette explication s'éclaircit par beaucoup d'autres faits. L'acide vitriolique donne, avec de la magnésie noire, moyennant de la chaleur, une dissolution imparfaite, rougeâtre ; mais en ajoutant du sucre ou quelque autre matière qui peut fournir la dose nécessaire de phlogistique, la liqueur devient bientôt dépourvue de toute couleur, comme de l'eau claire. On se sert de magnésie noire pour décolorer le verre ; une dose proportionnée trouve du phlogistique pour se saturer, et c'est par là que la masse fondue est décolorée. Cela saute aux yeux en fondant aux chalumeaux sur un charbon un peu de sel microcosmique avec une mie de magnésie noire ; on obtient une petite boule transparente, mais de couleur cramoisie: en tenant cette boulette fondue plusieurs minutes de suite, on peut enfin la décolorer complètement par le phlogistique qui est attiré du charbon pendant l'opération ; mais touchant la masse encore fluide par un peu de nitre, la couleur rouge revient au moment ; c'est

parce qu'une portion de phlogistique se brûle.
Si on tient la boule colorée fondue sur une
plaque d'argent, la couleur persiste, ne pouvant gagner ce qui manque pour disparoître :
tout cela confirme bien visiblement mon sentiment. A l'égard de la couleur brunâtre qui
reste après l'abolition de la couleur bleue et
verte, il faut observer qu'elle dépend de la
matière extractive qui est colorée d'une manière à ne point changer ici. Cette teinte jaunâtre ou brunâtre, selon la quantité de la
matière extractive, est comme étouffée par le
bleu et le vert, ne paroissant qu'après leur
évanouissement.

§. XXI.

L'INDIGO EXAMINÉ PAR LA VOIE DE LA FERMENTATION.

Pour procéder avec ordre, je commençois
par le cas le plus simple ; je mêlois une once d'indigo en poudre avec huit onces d'eau distillée
dans une cucurbite ouverte, la laissant légèrement couverte d'une feuille de papier, pour
empêcher les parcelles voltigeantes dans l'air
d'y tomber. C'étoit dans le mois de juillet que

je faisois cette expérience et les suivantes : la liqueur du thermomètre de M. de Réaumur, montoit le plus souvent jusqu'à 26 degrés : le vaisseau étoit placé dans un coin de mon cabinet, où il n'étoit pas exposé aux rayons du soleil. Je l'examinai soigneusement pendant quatre semaines, mais sans remarquer aucun changement que celui de l'eau, qui devenoit brunâtre; point de mouvemens tumultuaires intestins, point de gonflement; point d'odeur piquante, qui indiquassent quelque fermentation; enfin, après plusieurs jours, une mauvaise odeur commençoit à se faire sentir.

L'eau brunâtre faisoit bleuir un papier teint d'abord bleu avec du tournesol, et depuis rougi par quelque acidité affoiblie, et qui alors est presque aussi sensible pour le plus foible alcali, comme sa couleur bleue l'est pour l'acidité; d'ailleurs cette eau se comportoit comme la décoction d'indigo (§. II et III).

Je recommençai la même opération, avec cette seule différence que l'eau fut tiède; mais le résultat fut le même.

§. X X I I.

Puisque l'indigo refusoit de fermenter seul,

je fis un autre essai avec des portions semblables, ajoutant seulement une demi-once de
ferment dont on se sert pour la bière : le jour
suivant quelques nuages de moisissure se mon-
troient à la surface, qui s'augmentoient jusqu'à
faire une couverture tout entière; la liqueur
paroissoit un peu louche et verdâtre, mais ne
donnoit aucun signe de fermentation : le cinquième jour il en sortoit une puanteur très-
mauvaise.

§. X X I I I.

Je répétai encore, pour la quatrième fois,
l'expérience avec les mêmes doses; mais, au
lieu du ferment, je me servis de la matière glutineuse, tirée de la farine de froment; je ne
remarquai pourtant point de différence notable, sinon que la liqueur devenoit moins
verdâtre, et la couverture moins velue que
dans l'expérience précédente.

§. X X I V.

Enfin je pris trois pintes de dissolution de
malt fait avec de l'eau chaude, et propre à
faire de la bière; j'y mêlois une demi-once d'indigo en poudre, et deux onces de ferment or-

dinaire. Cette liqueur, qui avoit 28 degrés de chaleur, fut mise en repos, et fermentoit comme à l'ordinaire, sans que je puisse y re-marquer aucune différence, sinon que la bière moisissoit après quelques jours, à peu près comme dans les expériences décrites.

§. X X V.

Nous voyons donc que l'indigo n'est pas propre à donner des spiritueux par la fermen-tation : les parties extractives subissent plutôt une sorte de putréfaction, mais qui n'est pas complète, parce que la liqueur se comporte depuis comme la décoction (§. II et III); néan-moins les molécules bleues sont plus ou moins gâtées, même un peu par l'eau seule (§. XXI): il est vrai que la couleur bleue n'est pas abso-lument détruite; mais en dissolvant des por-tions égales des résidus qui ont subi les opé-rations décrites par des quantités égales d'a-cide vitriolique, on trouve la dissolution de l'indigo, qui reste après la fermentation (§. XXII et XXIV), beaucoup plus foible que les autres, qui semblent avoir très-peu souffert, quoique l'une ait été mêlée avec de la matière glutineuse de froment (§. XXIII).

§. X X V I.

L'INDIGO SOUMIS A L'ACTION DU FEU.

En exposant un petit morceau d'indigo à l'action du feu, dans un creuset ouvert, ou dans un têt à rôtir, sous le moufle, on voit qu'il commence à se fumer, à gonfler, à rougir, et même quelquefois à s'enflammer, donnant une flamme blanche. Pour brûler tout ce qu'il contient de combustible, il faut le pulvériser, et encore remuer la poudre bien rougie. Je n'ai trouvé aucun indigo qui se dissipât entièrement ; il reste toujours de la cendre, soit grise de l'indigo, qui est d'une bonté médiocre, soit ferrugineuse de l'indigo le plus choisi. Cent parties d'indigo en donnent trente-trois à trente-quatre de cendre, ou cent quatre-vingt-seize grains par once.

La fumée qui en sort pendant la combustion est rougeâtre, tirant un peu sur le bleu. Si le feu est augmenté très-lentement, l'indigo en poudre ne s'allume pas distinctement ; mais, après que toute la fumée a cessé, on voit une petite flamme très-légère et blanchâtre voltiger à la surface.

§. XXVII.

§. XXVII.

Ces cendres ne donnent point d'alcali fixe
végétal, étant lessivées avec de l'eau distillée;
mais l'eau devient pourtant alcaline par la dissolution d'*un peu des terres brûlées* : en les
noyant dans l'acide marin, on voit distinctement une petite effervescence; la plus grande
partie se dissout, mais environ $\frac{1}{11}$ reste, qui
n'est atteint par aucun des acides, ayant toutes
les qualités d'une terre quartzeuse, parce que
une partie est rendue dissoluble dans l'eau
bouillante par 6 d'alcali de tartre, et avec la
moitié d'alcali fixe, elle donne moyennant le
feu, du verre ordinaire.

La dissolution faite avec l'acide marin produit du bleu de Prusse; en y mêlant de l'alcali
phlogistiqué, on en obtient 30 à 32 grains par
once d'indigo; mais puisque le bleu de Prusse
sans alun, étant calciné à devenir rougeâtre,
perd $\frac{34}{100}$, cela ne fait en chaux de fer que 18
à 20 grains. Pour séparer les quatre terres dissolubles que nous connoissons aujourd'hui,
en cas que deux ou plusieurs soient mêlées
ensemble, je me sers de la méthode suivante:
je précipite premièrement avec de l'alcali vo-

latil caustique, qui fait tomber l'argile et la magnésie blanche, si l'une ou toutes deux sont présentes : la terre calcaire et celle du spalt pesant restent, s'il en est quelque portion dans la dissolution ; mais il faut un alcali volatil absolument caustique, ou délivré de tout air fixe ; car autrement ces dernières terres sont aussi précipitées , moyennant une affinité double : je dissous le précipité par quelque acide, et fais bouillir un peu la dissolution avec de la craie, qui décompose pleinement le sel argileux, sans entamer celui qui a la magnésie pour base ; il faut soigneusement éviter la chaux, qui précipite l'un et l'autre ; mais la craie étant rassasiée d'air fixe n'a de prise que sur la combinaison argileuse : quand l'alcali volatil caustique ne précipite plus rien , j'ajoute du sel de soude en cristaux, qui dégage, par une double décomposition, et la terre calcaire, et celle du spalt pesant. Pour les avoir à part en cas qu'elles soient mêlées , je dissous le précipité par l'acide marin , et laisse évaporer à siccité ; je pulvérise la masse desséchée, et l'expose à l'air humide ; alors le sel calcaire se sépare par déliquescence, l'autre n'étant que très-peu dissoluble.

En traitant les cendres de cette façon, j'ai

trouvé qu'elles contiennent par once d'indigo 59 grains de terre pesante 58 de terre calcaire, 11 de poudre quartzeuse, environ 59 de fer calciné ; j'entends par terre pesante celle qui fait la base du spalt pesant, et qui diffère essentiellement de la terre calcaire, puisqu'elle donne avec de l'acide vitriolique le spalt pesant, avec de l'acide nitreux et marin des sels cristallisables, et avec le vinaigre un sel déliquescent. Pour séparer le plus commodément les matières mêlées dans les cendres d'indigo, il faut les dissoudre par du vinaigre distillé, qui n'attaque ni le quartz, ni la chaux martiale. La dissolution doit être évaporée jusqu'à siccité; et cette masse exposée convenablement à l'air humide, donne, par déliquescence, la partie du vinaigre qui est saturée avec de la terre pesante : le quartz et le fer calciné sont facilement séparés par l'acide marin.

§. XXVIII.

En jetant de l'indigo en poudre sur le nitre fondu, ou en semant de l'indigo mêlé avec du nitre dans un creuset bien rougi, on observe une détonnation très-violente, qui prouve clairement l'abondance de phlogistique dont

la présence est bien hors de doute, par beaucoup d'autres indices non équivoques.

§. XXIX.

Après avoir soumis l'indigo à l'action du
feu, dans l'air libre, il faut encore l'examiner
dans des vaisseaux clos. Pour avoir toutes les diverses matières à part, qui se séparent de notre
drogue en le distillant, j'ai fait cette opération
moyennant une cornue de verre à long bec, à
l'extrémité de laquelle j'ai adapté un petit récipient, dont le fond étoit percé et pourvu d'un
tuyau recourbé en haut : cet appareil fut tellement placé, que l'ouverture du tuyau recourbé étoit un pouce dessous la surface de
l'eau, dans un vaisseau de figure convenable :
sur l'ouverture du tuyau fut placé le goulot
d'une bouteille renversée et pleine d'eau, afin
de recevoir le fluide élastique qui sortoit de la
matière brûlée.

Quand tout cela étoit préparé comme il fal-
loit, je faisois allumer du feu, l'augmentant par
degrés ; d'abord quelques grandes bulles d'air
montoient dans la bouteille renversée, qui n'é-
toient autre chose que l'air des vaisseaux dilaté
par la chaleur ; mais bientôt des bulles très-

petites sortoient rapidement par l'ouverture du tuyau, et continuoient jusqu'à la fin de l'opération. Au commencement un peu de flègme s'assembloit dans le récipient : quand le feu fut augmenté jusqu'à surpasser la chaleur de l'eau bouillante, on voyoit s'élever une fumée rougeâtre tirant sur le bleu, qui teignoit la voûte de la cornue, mais qui, à cause de la longueur du col, n'atteignoit pas le récipient; enfin je poussai le feu jusqu'à faire fondre le fond de la cornue.

§. X X X.

Examinons maintenant les matières détachées : le fluide élastique assemblé dans une ou plusieurs bouteilles, selon la quantité d'indigo, en passant par l'eau de chaux, la troubloit en précipitant une véritable terre calcaire; il rongeoit la teinture de tournesol, éteignoit en un moment la flamme d'une chandelle, et faisoit mourir un petit oiseau : c'étoit donc de l'air fixe, et l'indigo en avoit donné environ une pinte, ou dix-neuf grains en poids par once.

La liqueur assemblée dans le récipient étoit jaunâtre, pesant environ 173 grains pour chaque once d'indigo : elle faisoit bleuir et rougir ensuite le papier teint par le tournesol, contenant environ trois à quatre grains d'alcali volatil huileux.

L'huile étoit tenace, presque noire, et ne montroit aucune rougeur, qu'étant étendue très-mince sur du verre : elle avoit tout-à-fait l'odeur d'huile empyreumatique de tabac, se dissolvoit fort bien dans l'esprit de vin, lui donnant une rougeur un peu sombre, et presque noire opaque, par la saturation.

La poudre d'indigo, au fond de la cornue, étoit charbonneuse, pesant pour chaque once d'indigo environ 331 grains qui, par une calcination complète dans l'air libre, se réduisent à 158 grains. Puisque le résidu charbonneux avec le flègme alcalin et l'air fixe fait 523 grains, il faut que l'huile empyreumatique pèse 53 grains ; je n'ai pu estimer autrement sa quantité, car elle s'applique fortement aux vaisseaux.

§. X X X I.

LA COMPOSITION DE L'INDIGO.

En comparant les résultats de nos recherches précédentes, on peut aisément détermi-

nèr les parties constituantes de l'indigo : il y a
quelque différence dans les proportions, mais
qu'on peut négliger ici dans l'examen du bon
indigo, dont on se sert ordinairement. Voici
une analyse suivie de 100 parties.

Partie mucilagineuse séparable
moyennant de l'eau............ 12 (§. 2).

L'esprit de vin bien rectifié détache des parties résineuses....... 6 (§. 5).

Du vinaigre distillé dissout la
partie terreuse, mais n'attaque pas
le fer qui est ici en forme de
chaux....................... 22 (§. 15).

L'acide marin emporte le fer
calciné...................... 13
───────
53

Les 47 parties restantes, après cette opération, ne sont que des molécules bleues presque
pures : je les ai distillées à la manière décrite
(§. 29) : elles m'ont donné d'air fixe 2, de liqueur alcaline 8, de l'huile empyreumatique 9,
et de charbon 23. Le charbon brûlé en air
libre présente quatre parties de terre de couleur de brique, dont environ la moitié est de
fer calciné, et le reste une poudre quartzeuse

infiniment subtile. Je trouve un peu plus de
fer par cette méthode, qu'en brûlant l'indigo
d'abord dans un vaisseau ouvert (§. XXVII);
mais cette différence dérive probablement de
l'indigo même.

§. X X X I I.

La preuve la plus complète d'une analyse
est la recomposition; mais il faut avouer que
l'art n'y peut atteindre à l'égard des matières
végétales et animales : la raison en est que l'art
ne peut imiter la structure organique qui, le
plus souvent, produit des combinaisons qui
ne se peuvent faire autrement : nonobstant cet
obstacle, j'ai été assez téméraire pour tenter
la recomposition de l'indigo; et si je n'ai pas
encore réussi parfaitement, j'ai au moins assez
vu pour croire ce problème soluble, et nous
aurons certainement tôt ou tard des fabriques
d'indigo en Europe, sans avoir besoin d'acheter
chèrement cette drogue dans les Indes. Les
molécules bleues sont les parties essentielles,
les autres étant ou étrangères, ou tout au plus
la matrice qui les a réunies. L'art nous présente
journellement deux matières qui ont la con-
venance la plus marquée avec les molécules

bleues d'indigo, et il n'est pas hors de propos de les comparer ici : ces deux matières sont l'encre et le bleu de Prusse.

Ces trois drogues conviennent en couleur; l'indigo, l'encre bien lavée, et le bleu de Prusse sans alun, sont d'un bleu noir; l'acide vitriolique n'attaque pas le bleu de Prusse, dissout l'indigo en conservant la couleur bleue, et encore mieux l'encre, puisque la dissolution perd toute couleur, et que la noirceur reparoît en saturant l'acide avec un alcali. L'acide nitreux bien concentré et délivré du phlogistique (§. X.), bouillant avec du bleu de Prusse, détruit enfin la couleur bleue, et il l'emporte beaucoup plus facilement que les deux autres, sans qu'elle puisse reparoître ensuite, si l'acide a eu assez de temps pour dévorer le phlogistique : le vinaigre détruit le bleu d'indigo suffisamment subtilisé (§. IX f); mais le bleu de Prusse et l'encre résistent mieux; il est pourtant digne d'être remarqué que l'alcali phlogistiqué, mélangé avec un peu de vinaigre, soit pour précipiter un peu du bleu de Prusse dissous, en cas qu'on se soit servi de cette matière, soit pour saturer l'alcali, dont ordinairement une portion est libre et cause de la

confusion, quand on fait usage de cette liqueur, il est digne d'attention, dis-je, qu'un
tel mélange perde, dans quelques semaines,
sa faculté de donner du bleu de Prusse avec
des dissolutions martiales. L'alcali caustique
mange la couleur du bleu de Prusse, mais la
redonne au fer dissous par quelque acide,
comme l'a expliqué le célèbre M. *Macquer*;
cela n'arrive pourtant pas aux autres, car la
couleur bleue, une fois perdue, ne peut reparoître en aucune manière connue jusqu'ici;
enfin le bleu de Prusse, les molécules bleues
d'encre et d'indigo, sont tous trois des combinaisons de fer avec une matière phlogistique,
mais qui pourtant est différemment modifiée;
et de cette variation dérive sans doute que
l'union est plus étroite dans le bleu de Prusse,
que dans les autres; il faut néanmoins avouer
que cette couleur même n'est pas toujours
également stable.

En analysant l'indigo j'ai trouvé du fer
non seulement dans les molécules bleues,
mais aussi dans les autres parties moins essentielles. On peut avoir chaque portion à part.
Si on met de l'indigo pulvérisé en digestion
avec de l'acide marin, le menstrue se colore

en jaune, et donne avec l'alcali phlogistique le bleu de Prusse : les autres acides, comme le vitriolique, le nitreux, et le vinaigre, qui n'attaquent que peu ou point le fer dépourvu du phlogistique, ne peuvent pas servir ici. Le fer des molécules bleues ne peut être séparé par aucun acide, et je ne connois d'autre moyen pour l'avoir à part, que la dissipation ou destruction des parties phlogistiques ; car, après la combustion en air libre, l'acide marin s'en charge facilement.

Quoique je me sois principalement servi d'indigo ordinaire dans mes recherches décrites, je n'ai pourtant pas négligé de le comparer avec le plus choisi, qui ne me semble différer de l'autre que par une plus grande quantité de molécules bleues ; j'ai pourtant quelquefois trouvé un peu d'argile dans l'indigo de Guatimala ; mais la partie terreuse n'est pas ici un principe essentiel.

§. XXXIII.

APPLICATION DES RECHERCHES PRÉCÉDENTES.

Après avoir analysé l'indigo, et considéré ses diverses relations avec d'autres matières, il faut maintenant voir comment la pratique ordinaire s'accorde avec les connoissances acquises. Les arts, et principalement les arts chimiques, n'ont fait de véritables progrès que très-lentement de notre temps; et comment en seroit-il arrivé autrement? car, sans connoître les vrais principes de la saine physique, un artiste ressemble à un aveugle qui ne peut faire quelques pas qu'en tâtonnant. Je ne suis donc point étonné de l'innombrable multitude des essais, des vaines tentatives, des hasards heureux et inespérés, des pertés par lesquelles on a passé avant de trouver les procédés dont on se sert aujourd'hui pour teindre en bleu, sans parler d'autres opérations encore plus difficiles.

§. XXXIV.

Les procédés pour teindre en bleu avec l'indigo diffèrent beaucoup entr'eux; mais nous n'envisagerons que les principaux phénomènes.

On se sert ordinairement des matières alcalines pour développer la faculté colorante de l'indigo; nous avons pourtant prouvé par des expériences que ces substances n'attaquent pas les molécules bleues avant d'être subtilisées auparavant par l'acide vitriolique. Quelles sont donc les raisons de cette pratique? Il faut, 1°. remarquer que les alcalis dissolvent le résineux qui enveloppe les parties bleues, qui par-là sont mises plus à nu, et comme préparées pour être entamées par quelque autre substance convenable; 2°. les alcalis, particulièrement la chaux, attaquent la composition des végétaux, et détruisent la structure organique, soit en se chargeant de l'air fixe, qui est comme le ciment de ces particules, soit en dissolvant les acides, les parties huileuses et résineuses qui s'y peuvent rencontrer. Pendant cette décomposition, une grande quantité de phlogistique se développe, qui, rencontrant les molécules bleues dénuées, s'y attache légèrement, faisant l'accumulation nécessaire pour les tourner en vert, si la chaleur et les autres circonstances y sont propres, comme j'ai tâché de le prouver auparavant (§. XI, XX), et l'expliquerai davantage tout à l'heure.

Donc, quoique les alcalis seuls ne puissent entamer les molécules bleues, ils les délivrent, d'un côté, d'un obstacle, et de l'autre, en décomposant les matières végétales ajoutées, fournissent du phlogistique.

§. X X X V.

Que la verdure du bain d'une cuve est produite par l'abondance du phlogistique, c'est une vérité fondamentale; et pour l'assurer davantage, considérant la cuve d'Inde à froid pour le fil et le coton, qui de toutes est la plus simple, parce qu'on peut omettre et l'alcali et la garance, la chaux et le vitriol vert sont suffisans pour la faire travailler avec trois gros de vitriol vert, autant d'indigo choisi, le double de chaux, et une pinte d'eau : je prépare à coup sûr une cuve qui ordinairement travaille après six heures; ensuite en gardant les mêmes proportions et le même traitement, j'ai seulement déphlogistiqué auparavant le vitriol, en le faisant bouillir dans beaucoup d'eau pendant plusieurs heures, réduisant enfin la dissolution à une pinte par l'évaporation, et alors je n'ai jamais réussi à la faire travailler. Toutes les circonstances sont ici les mêmes, excepté la présence du phlogistique; il est donc bien évident que la différence des résultats n'est causée que par-là : nous en verrons encore une nouvelle preuve dans le paragraphe suivant. L'opération est presque aussi simple que celle dont nous venons d'expliquer la vraie cause. Les cas plus compliqués dépendent absolument du même ressort; mais celui-ci est plus caché par plusieurs matières qui empêchent de le démêler et le voir distinctement.

§. X X X V I.

En contemplant les autres manières de teindre en bleu avec l'indigo, moyennant des alcalis fixes ou volatils, on trouvera facilement la présence des matières qui contiennent plus ou moins d'huileux, de résineux, et même de phlogistique presque libre; je n'ai donc pas peur que ma conclusion souffre quelque exception; il faut pourtant encore m'arrêter un peu, en examinant un procédé qui est très-bon pour le fil et le coton. L'opération est achevée dans un quart d'heure de la manière suivante : on prend de la lessive des savonniers très-forte, dans un chaudron ; on y ajoute trois gros d'indigo bien pulvérisé pour chaque pinte de liqueur ; après quelques minutes, quand les fécules colorantes sont bien pénétrées, on met dans la liqueur six gros d'orpiment en poudre; on doit bien pallier, après quoi, dans peu de minutes, le bain devient vert, fait de la fleurée bleue, et montre une pellicule; c'est alors qu'il faut appaiser le feu, et plonger la matière à teindre.

L'explication est très-facile: l'orpiment contient du soufre, et par conséquent du phlogistique; par la dissolution dans la lessive, il se forme un foie de soufre et d'arsenic qui laisse facilement échapper du phlogistique, comme on peut le conclure de l'odeur et de la décomposition qui se fait en peu de temps en air libre. Si on met d'abord autant d'arsenic dans la lessive, qu'il en entre dans la dose usitée d'orpiment, on a beau faire bouillir le bain, il ne sera jamais propre à teindre; mais en ajoutant la quantité manquante de soufre, on verra naître, après quelques momens, la pellicule cuivreuse, la fleurée bleue, et la verdure du bain.

Avec de l'indigo précipité, l'orpiment ne cause aucun changement (§. IX, c), et la raison en est que l'union du phlogistique est trop forte ; il faut de la chaleur et de l'alcali pour le relâcher.

§. XXXVII.

§. XXXVII.

Il reste à expliquer pourquoi les cuves d'indigo manquent quelquefois, et se gâtent totalement : nous en avons déjà entrevu la raison (§. XI et XX). Le phlogistique étant ou assez abondant, ou, moyennant la chaleur, assez actif pour ébranler tellement les molécules bleues, qu'elles laissent échapper une grande partie de leur phlogistique, il est bien nécessaire que leur couleur bleue s'efface : cela arrive principalement en se servant d'indigo et de pastel ensemble. Le pastel est une matière végétale pourrie à demi, qui, mise dans l'eau, achève sa destruction, moyennant de la chaleur et de l'alcali, fournissant, comme il se fait ordinairement en tel cas, beaucoup de phlogistique : l'expérience décrite ci-dessus montre aussi que le pastel fait plutôt évanouir la couleur bleue, que ne le fait une égale portion de garance. La difficulté de modérer la dose de phlogistique dérive sur-tout de la qualité du pastel, dont les parties sont inégalement avancées dans la pourriture, et agissent différemment, selon ces divers degrés. Ce n'est donc ni l'identité des doses, ni des circonstances, ni le même traitement, qui peuvent toujours assurer la cuve; le plus habile guèderon n'est que très-souvent trahi, sans en pouvoir rendre raison. La perte une fois faite, il n'est pas moyen d'y remédier, puisque les molécules qui devoient teindre sont détruites; et, pour gouverner à coup sûr cette cuve, il faudroit avoir des signes infaillibles pour connoître l'état actuel du pastel; ce qui, le plus souvent, n'est point du tout aisé, puisque non seulement les différentes portions d'une balle, mais aussi le plus grand nombre des feuilles sont inégalementavancées dans la pourriture.

Le premier pas à faire regarde donc la préparation du pastel, qui doit toujours, et tout entier, être de la même qualité; au moins est-il nécessaire de découvrir des indices convenables qui annoncent sûrement les différens degrés de putréfaction : à l'égard des cuves composées avec de l'indigo seul, elles manquent très-rarement, et cela n'arrive encore que par ignorance ou par négligence.

§. XXXVIII.

La verdure du bain d'une cuve d'indigo

ne peut naître de la petite quantité d'alcali volatil qui se développe, ni l'étoffe teinte déverdir par sa dissipation : la cause n'est pas proportionnée à l'effet ; c'est plutôt le phlogistique qui, dans le bain, reste légèrement attaché aux molécules bleues, mais qui, étant exposé à l'action de l'air libre qui attire cette substance puissamment, est enlevé en peu de momens : voilà la raison de la fleurée bleue, et de l'étoffe déverdie. Il est vrai que l'alcali volatil tourne le bleu d'indigo précipité en vert ($.XVIII.); mais cela se fait moyennant le phlogistique qui lui est essentiel : l'alcali fixe fait de même, sur-tout aidé d'un phlogistique étranger ($. XX.). La verdure du bain d'une cuve d'indigo n'est pas produite, si je ne me trompe, par la faculté connue des alcalis de verdir les sucs bleus des végétaux ; car plusieurs matières qui ne sont pas alcalines, et même les acides phlogistiques et huileux, peuvent tourner le bleu d'indigo en vert ($. IX. b, e, f, g,). L'indigo fait aussi exception à l'égard des acides, parce qu'il ne rougit par aucun, pas même par l'acide vitriolique le plus concentré.

14 *

§. XXXIX.

La cuve d'indigo consume, selon toutes les apparences, une bonne quantité des particules colorantes à pure perte, puisqu'il faut beaucoup de phlogistique pour les mettre en action, et qu'un peu trop gâte plus ou moins, selon les circonstances : il est très-probable qu'un grand nombre de molécules sont détruites, avant que la pluralité ait atteint le degré qu'il faut pour travailler. Je m'imagine que cette opération se passe à peu près comme la fermentation. Toutes les parcelles ne sont pas de la même qualité; les plus disposées à fermenter commencent les premières, et ont déjà avancé jusqu'au second degré, c'est-à-dire jusqu'à la fermentation acide, quand la pluralité est au milieu de la spiritueuse. On voit par là pourquoi une bière toute fraîche, et prête à être entonnée, fait déjà rougir un papier teint en bleu avec du tournesol, et pourquoi le vinaigre contient très-souvent de l'alcali volatil; de même, quand le plus grand nombre des molécules bleues d'une cuve sont dans l'état propre à teindre, celles qui s'y apprêtoient les premières l'ont déjà passé.

D'un autre côté, en développant successivement les particules colorantes les plus tardives, le marc s'augmente jusqu'à ternir l'ouvrage, et il faut enfin jeter le bain avant qu'il ait perdu toute sa qualité colorante.

Enfin, quoique la cuve de pastel, qui contient en même temps de l'indigo, puisse être regardée comme la plus difficile à poser et à manier, on s'en sert pourtant ordinairement dans les grands ateliers, parce qu'on expédie beaucoup plus d'ouvrage quand elle réussit.

Tous ces désavantages font bien désirer quelque autre procédé plus sûr et moins embarrassant. Je vais donc en proposer un qui réussit toujours et très-facilement, qui peut être effectué sans perte, et au moins, dans quelque cas, donne du bleu parfaitement fixe.

§. X L.

Nous avons déjà remarqué que l'acide vitriolique dissout l'indigo (§. VIII). On a aussi commencé, il y a plusieurs années, de se servir de cette dissolution pour teindre; mais on a observé avec étonnement que le bleu d'indigo, ailleurs si fixe, n'étoit en cette façon qu'une couleur fausse ou de petit teint : cette observation n'est pas généralement vraie, si on opère comme il faut. L'acide vitriolique, délayé d'eau, n'attaque aucunement les molécules bleues ; ce qu'on appelle ordinairement huile de vitriol donne avec l'indigo une couleur brillante, mais fausse, et ce n'est que l'acide le plus concentré qui réussit bien. L'indigo précipité se dissout facilement dans tous les acides, et on peut s'en servir pour teindre; mais cette méthode est plus embarrassante et plus chère que d'employer la première dissolution, moyennant l'acide vitriolique.

§. X L I.

Je prépare la teinture d'indigo de la manière suivante : une partie d'indigo en poudre très-subtile est mise dans un flacon de verre; je verse dessus l'acide vitriolique clair et très-bien concentré, je bouche légèrement le flacon, et le laisse exposé à une chaleur de 30 à 40 degrés pendant 24 heures; enfin j'y ajoute peu à peu 91 parties d'eau pure, broyant bien tous les grains qui peuvent encore rester dans un mortier de terre. Voilà une teinture qui est bleue, mais qui doit être délayée par une bonne quantité d'eau, avant de devenir transparente, quoiqu'elle ne contienne qu'une partie d'indigo pour cent.

§. XLII.

Avec la teinture décrite j'ai teint de l'étoffe de laine, dont le poids a toujours été supposé 1, pour proportionner les doses des autres matières aussi en poids. L'étoffe étoit auparavant plongée dans de l'eau bouillante, et y restoit pendant 24 heures, d'où elle étoit tirée, exprimée, et mise dans un bain colorant.

(*a*) Le bain fut composé d'une partie de teinture, et de 76 d'eau bouillante. Après 36 heures, le bain étoit sans couleur, comme de l'eau; l'étoffe qui coloroit l'eau de lavage étant desséchée, avoit gagné un bleu céleste plein, et très-joli.

(73) Deux parties de la teinture et 76 de l'eau bouillante se décolorent parfaitement en 80 heures; l'étoffe ne coloroit pas l'eau de lavage, et avoit un bleu de reine.

(*c*) 2 ½ parties de teinture et 76 de l'eau bouillante se décoloroient en 96 heures; l'étoffe ne coloroit pas plus l'eau de lavage que les précédentes et les deux suivantes : elle étoit bleu turquin.

(*d*) 4 parties de teinture et 76 d'eau bouillante se décoloroient en 112 heures ; l'étoffe étoit bleu pers.

(*e*) 7 ½ parties de teinture et 76 d'eau bouillante avoient une couleur bleue, verdâtre, à peine visible, après 136 heures ; l'étoffe avoit un bleu d'enfer.

(*f*) 7 ½ parties de teinture et 76 d'eau froide se comportoient parfaitement, comme dans l'Exp. *e* ; l'étoffe avoit aussi la couleur bleue noire, comme *e*.

L'étoffe étant 1, et trempée dans de l'eau pendant 24 heures, comme dans les expériences précédentes, j'ai mêlée 9 ½ parties de teinture avec 76 d'eau bouillante, et saturé par différens sels, pour voir clairement leurs influences.

(*g*) Les parties d'eau saturées avec le sel de soude : l'étoffe fut tirée après 96 heures, comme dans les expériences suivantes de ce §. ; elle coloroit plusieurs eaux de lavage, et avoit un bleu très-pâle.

(*h*) L'eau saturée avec le sel de Glauber : l'étoffe bien exprimée coloroit l'eau de lavage, mais la couleur avoit un bleu pers très-joli.

(*i*) L'eau saturée avec du nitre putrifié : l'étoffe ne coloroit pas l'eau de lavage, mais la couleur étoit d'un bleu mignon.

(*k*) L'eau saturée avec du sel marin : l'étoffe coloroit l'eau de lavage, et avoit un bleu de roi.

(*l*) L'eau saturée avec du sel ammoniac : l'étoffe coloroit l'eau de lavage, et avoit un bleu céleste très-plein.

(*m*) L'eau saturée avec de l'alun romain : l'étoffe coloroit l'eau de lavage, et avoit un bleu pers.

(*n*) L'eau saturée avec de la crême de tartre : l'étoffe coloroit l'eau de lavage, et avoit la même couleur de bleu pers.

L'effet a été presque le même, quand l'étoffe avoit trempé 24 heures dans des dissolutions saturées des sels mentionnés, avant d'être plongée dans son bain.

§. XLIII.

Nous avons déjà observé que l'eau peut extraire de l'indigo une teinture jaunâtre, et qu'une lessive alcaline produit une teinture plus forte, brunâtre (§. III, XVI). J'ai trempé de l'étoffe dans chacune séparément, pendant 24 heures : j'ai ensuite mis les pièces préparées dans des bains qui contenoient $2\frac{1}{2}$ parties de la teinture d'indigo, et 76 d'eau bouillante ; et, pour voir la différence, j'ai ajouté dans les mêmes bains des échantillons préparés seulement dans de l'eau, comme auparavant.

(*o*) L'étoffe préparée dans la teinture aqueuse (§. III), avec un morceau égal, préparé seulement dans de l'eau, furent mis ensemble dans le bain, et y restèrent 40 heures, c'est-à-dire jusqu'à ce que toute la couleur de la liqueur fût absorbée. Les échantillons avoient la même nuance du bleu ; au moins il n'y avoit aucune différence notable, quoique l'un fût auparavant d'une couleur pâle, ventre de biche pâle.

(*p*) L'étoffe préparée dans la teinture alcaline (§. XVI), et un morceau trempé seulement dans de l'eau, furent traités de la même façon. A l'égard de la nuance, je n'ai pu non plus observer ici aucune différence, quoique l'un des échantillons eût pris un peu de couleur jaune alcaline.

§. XLIV.

On peut conclure des expériences décrites 1°. que notre teinture d'indigo est très-commode pour teindre l'étoffe de laine; 2°. que l'opération n'use que très-peu d'indigo, puisqu'il ne faut qu'une partie d'indigo pour produire un bleu noir sur 260 d'étoffe ($.XLII, e), qui alors paroît être saturée, et ne pourroit recevoir solidement plus d'indigo; 3°. que le bain froid agit aussi bien que chaud ($.XLII, i); 4°. que l'opération peut se faire sans perte, puisque le bain se décolore enfin parfaitement (a, j, o, p), et que, s'il a été trop chargé, on peut ajouter de l'étoffe qui ne soit pas saturée, qui absorbe toute la couleur restante. On peut encore éviter de perdre quelques molécules bleues dans le lavage (a, f, h, i, m, n); 5°. qu'il y a une plus grande affinité entre le bleu d'indigo et de l'étoffe bien trempée dans de l'eau, qu'entre ce même bleu et l'eau acidule; le bleu est donc précipité par l'étoffe ; 6°. que tous les sels dont nous avons fait usage (§. XLII , g, n), diminuent l'affinité mentionnée, mais plus ou moins, selon les nuances décrites ; 7°. que la préparation d'étoffe dans de la teinture jaune d'indigo (§. XLIII) ne fait aucune différence à l'égard de la quantité des molécules bleues attirées, puisque la nuance est la même, quand l'étoffe a seulement trempé dans de l'eau pure.

§. X L V.

J'ai semblablement essayé de produire du bleu sur la soie. Je la faisois tremper dans de l'eau comme ci-dessus ; le poids de la matière à teindre est encore ici 1, comme dans toutes les autres expériences : l'échantillon fut tiré du bain après 144 heures.

(q) Le bain étoit un mélange de 18 parties de teinture et de 76 d'eau froide : la soie prenoit une couleur bleue foncée ; mais le bain étoit encore fortement coloré.

(r) Comme le bain de l'expérience g avoit beaucoup de couleur, quand l'étoffe de laine fut tirée, j'y ai mis de la soie, qui n'est devenue que grise bleuâtre : le bain restant avoit encore de la couleur.

(*s*) Le bain restant dans l'expérience *h* donnoit à la soie un bleu céleste.

(*t*) Le bain restant dans l'expérience *j* ne produisoit qu'un bleu pâle.

(*u*) Le bain restant dans l'expérience *k* donnoit du bleu encore plus pâle.

(*x*) Le bain restant dans l'expérience *l* donnoit une nuance plus foncée que celle de l'expérience *f*, mais plus pâle que celle de l'expérience *s*.

(*y*) Le bain restant dans l'expérience *m* produisoit la même nuance que l'expérience *x*.

(*z*) Le bain restant dans l'expérience *n* donnoit un bleu pâle verdâtre.

Le bain étoit à la fin de cette expérience presque décoloré, tirant seulement un peu sur un bleu verdâtre; mais, dans les expériences précédentes, les bains contenoient encore beaucoup de couleur.

(*a*) Dans un bain de 76 parties d'eau bouillante, avec 5 de teinture, la soie préparée comme l'étoffe de l'expérience *o*, devenoit bleue céleste très-jolie, et celle qui avoit seulement trempé dans de l'eau, gagnoit la même nuance.

(*b*) Le bain étoit comme le précédent ; mais la soie préparée comme l'étoffe de l'expérience *p*, donnoit la même nuance aux deux échantillons, dont l'un n'avoit trempé que dans l'eau pure.

§. X L V I.

La teinture d'indigo fait donc du bleu sur la soie comme sur l'étoffe ; mais l'affinité qui doit précipiter les molécules bleues est plus foible. Je regarde cette opération comme une véritable précipitation ; et on peut aisément s'en convaincre par l'examen d'un bain entièrement décoloré ; car l'acide vitriolique, qui tenoit auparavant le bleu en dissolution, y reste dépouillé. Quoique les échantillons teints résistent fort bien à l'eau seule, ils ne peuvent pourtant supporter l'action du savon qui emporte facilement toute la couleur, parce que la soie a une plus grande affinité avec le savon qu'avec les molécules bleues.

§. XLVII.

Les matières végétales font la plus grande difficulté dans l'art de la teinture. Pour voir l'effet de la teinture d'indigo sur du fil, j'ai fait les mêmes essais qu'avec la soie, mettant les échantillons ensemble, dans les mêmes bains déjà décrits; et c'est pourquoi je les indique par les mêmes lettres.

(*q*) L'échantillon avoit un bleu très-pâle.

(*r*) L'échantillon étoit encore plus pâle que le précédent; le bain étoit saturé de sel de soude.

(*s*) L'échantillon n'avoit que la couleur pâle de *q*; le bain saturé de sel de Glauber.

(*t*) L'échantillon étoit comme le précédent; le bain saturé de nitre.

(*v*) L'échantillon étoit comme le précédent; le bain saturé de sel marin.

(*x*) L'échantillon avoit un bleu naissant, plus foncé que tous les autres; le bain saturé de sel ammoniac.

(*y*) L'échantillon étoit comme *q*; le bain saturé d'alun.

(*z*) L'échantillon étoit le plus pâle de tous ; le bain saturé de crème de tartre.

(*a*) Les deux échantillons gagnoient la même nuance que de *q*.

(*b*) Ces deux échantillons ressembloient parfaitement aux deux précédens.

§. XLVIII.

On peut conclure des expériences dont nous venons de rapporter les résultats , que la teinture d'indigo est très-propre et très-commode pour faire toutes sortes de belles nuances en bleu sur de la laine et de la soie; mais sur du fil et du coton, elle ne produit que des couleurs très - pâles. On croit ordinairement que l'indigo , dissous par l'acide vitriolique , ne donne que des couleurs de petit teint, et il faut avouer que , quoique très-jolies , elles sont le plus souvent très-sujettes à se ternir ou à s'affoiblir étant exposées aux rayons du soleil ; mais en se servant d'un acide vitriolique assez concentré , elles deviennent beaucoup plus fixes , et les nuances les plus foncées ne s'altèrent aucunement. J'ai exposé tous les échantillons au soleil pendant deux mois :

ceux

ceux qui étoient d'un bleu d'enfer ne changeoient point ; les bleues pers et turquin
s'affoiblissoient à peine sensiblement ; mais
les nuances plus claires souffrent bien davantage : à la vérité elles ne s'effacent pas entièrement, mais elles deviennent ternes, et ver-
dissent.

Cette façon de teindre n'est donc point
dans tous les cas préférable à l'ancienne ; mais
cela n'empêche pas qu'elle ne puisse devenir
très-utile , étant déjà très - bonne pour les
nuances foncées , et recommandable à d'autres
égards. J'espère aussi que ces expériences ,
qui sont très-amusantes et se peuvent faire
très-commodément, seront dans peu de temps
assez multipliées et assez variées , pour obtenir
quelque moyen propre à fixer les nuances les
plus claires : si cela arrive, comme il y a tout
lieu de le croire, on oubliera bientôt l'ancienne méthode, plus chère et plus embarrassante. Pour le fil et le coton , on a une manière de teindre décrite (§. XXXVI), qui
ne manque jamais , et dont la couleur résiste fort bien au savon, au cas qu'on ne
trouve pas quelque expédient d'augmenter à souhait l'attraction entre ces matières

et les molécules bleues dissoutes par l'acide vitriolique.

§. XLIX.

Avant de finir je dois avertir que l'indigo précipité (§. IX, *m*) présente pour la miniature une couleur excellente, à l'égard, soit de la beauté, soit de la fixité; il est pourtant fâcheux qu'il ne se sépare de la teinture qu'imparfaitement, et de plus très-lentement.

FIN.

TABLE

DES MATIERES.

ERRATA.

Pag. 144, ligne 20, coton, *lisez*, son.

    146,   23, humide, *lisez*, humides.

    153,   6, prfoesseur, *lisez*, professeur.

www.ingramcontent.com/pod-product-compliance
Lightning Source LLC
LaVergne TN
LVHW021430170726
843501LV00005B/1270